한글 2016

HANGUL 2016

단계학습 한글 2016 기본&실무프로젝트 자료 다운로드 방법

자료 다운로드

HANGUL 2016

1 렉스미디어 홈페이지(www.rexmedia.net)에 접속한 후 [자료실]-[대용량 자료실]을 클릭합니다.

2 자료실 페이지가 나타나면 [단계학습] 폴더를 클릭합니다.

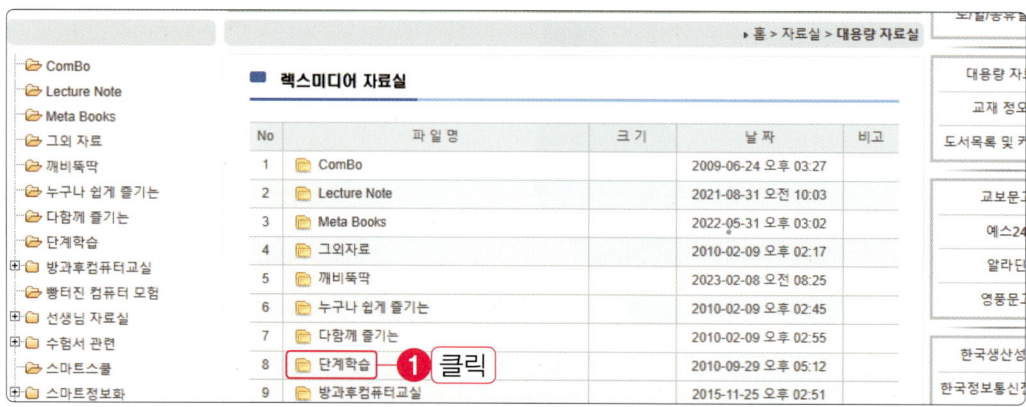

3 단계학습 페이지가 나타나면 '한글 2016 기본&실무프로젝트.exe' 파일을 클릭합니다.

HANGUL 2016 자료 다운로드

4 다운로드가 완료되면 [파일 열기]를 클릭합니다.

5 파일 탐색기를 실행한 후 'C:\단계학습\한글 2016' 폴더를 선택하면 다음과 같이 단계학습 한글 2016 기본&실무프로젝트 자료가 다운로드된 것을 확인할 수 있습니다.

❶ 한글 2016 기본&실무 프로젝트에 대한 동영상 강좌가 담겨져 있습니다.
❷ 한글 2016 기본(연습문제)에서 사용하는 연습파일과 완성파일이 담겨져 있습니다.
❸ 한글 2016 기본(따라하기)에서 사용하는 연습파일과 완성파일이 담겨져 있습니다.
❹ 한글 2016 실무 프로젝트에서 사용하는 연습파일과 완성파일이 담겨져 있습니다.

이 책의 구성

HANGUL 2016

장 제목
장의 제목입니다.

학습 내용
장에서 다루는 학습 내용입니다.

Preview
따라하기의 결과 화면입니다.

따라하기 예제파일
따라하기에서 사용하는 예제파일입니다.

절 제목
절의 제목입니다.

따라하기
학습 내용을 배우고 익히는 과정입니다. 누구나 쉽고 빠르게 따라할 수 있도록 단계별로 따라하는 과정을 자세히 설명하였습니다.

Tip
따라하기에서 필요한 내용이나 참고할 내용입니다.

알고 넘어갑시다!
학습 내용과 관련 있는 내용이지만 따라하기에서 다루지 못한 내용입니다.

4 Information

HANGUL 2016

  이 책의 구성

연습문제
학습 내용을 얼마나 배우고 익혔는지 확인할 수 있는 연습문제입니다.

Hint
연습문제를 해결하는데 도움이 되는 내용입니다.

Special page
단기간에 고급 사용자가 될 수 있도록 엄선하여 별도로 마련한 학습 내용입니다.

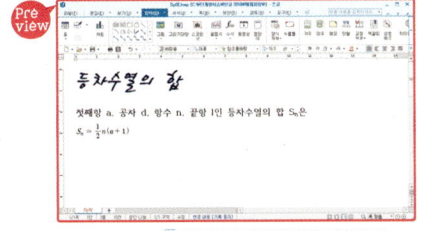

실무 Project
실무에 바로 활용할 수 있는 실무 프로젝트입니다. 현금출납장, 견적서, 휴가신청서 등의 실무문서를 다루었습니다.

이 책의 구성 **5**

이 책의 차례

HANGUL 2016

한글 2016

- **Chapter 01 • 한글 2016 시작하기** 2
  - 한글 2016 실행하기
  - 화면 구성 변경하기
  - 한글 2016 종료하기
- **Chapter 02 • 편집 용지 설정하고 문서 작성하기** 8
  - 편집 용지 설정하기
  - 문서 작성하기
  - 문서 저장하기
- **Chapter 03 • 문서 열고 내용 수정하기** 16
  - 문서 열고 내용 복사하기
  - 이동 및 다른 이름으로 저장하기
- **Chapter 04 • 한자와 특수문자 입력하기** 24
  - 한자 입력하기
  - 특수문자 입력하기
- **Chapter 05 • 상용구 사용하고 문서 인쇄하기** 30
  - 상용구 등록하기
  - 맞춤법 검사하기
  - 문서 인쇄하기
- **Chapter 06 • 글자 모양과 문단 모양 지정하기** 36
  - 글자 모양 지정하기
  - 문단 모양 지정하기
- **Chapter 07 • 문단 첫 글자 장식하고 문단 테두리/배경 지정하기** 42
  - 문단 첫 글자 장식하기
  - 문단 테두리/배경 지정하기
- **Chapter 08 • 문단 번호와 글머리표 지정하기** 46
  - 문단 번호 지정하기
  - 글머리표 지정하기
- **Chapter 09 • 스타일 사용하고 모양 복사하기** 52
  - 스타일 사용하기
  - 모양 복사하기
- **Chapter 10 • 블록 계산하고 정렬하기** 60
  - 블록 계산하기
  - 정렬하기
- **Special page • 탭 지정하기** 64

HANGUL 2016

- **Chapter 11 · 그리기마당과 글맵시 활용하기** 66
  - 그리기마당 활용하기
  - 글맵시 활용하기
- **Chapter 12 · 그림 활용하기** 74
  - 그림 삽입하기
  - 그림 편집하기
- **Chapter 13 · 도형 활용하기** 80
  - 도형 삽입하고 도형 속성 지정하기
  - 도형에 내용 입력하고 도형 복사하기
- **Chapter 14 · 표 만들기** 86
  - 표 만들고 표 내용 입력하기
  - 표 크기 조정하기
  - 표 내용에 글자 모양과 문단 모양 지정하기
- **Chapter 15 · 표 편집하기** 92
  - 셀 나누고 합치기
  - 셀 테두리와 셀 배경 지정하기
  - 계산식 사용하고 1,000 단위 구분 쉼표 넣기
- **Chapter 16 · 차트 작성하기** 100
  - 차트 만들기
  - 차트 편집하기
- **Chapter 17 · 쪽 번호 매기고 쪽 테두리/배경 지정하기** 106
  - 쪽 번호 매기기
  - 쪽 테두리/배경 지정하기
- **Chapter 18 · 머리말/꼬리말과 주석 삽입하기** 110
  - 머리말/꼬리말 삽입하기
  - 주석 삽입하기
- **Chapter 19 · 책갈피 사용하고 다단 설정하기** 116
  - 책갈피 삽입하기
  - 다단 설정하기
- **Chapter 20 · 메일 머지 사용하기** 120
  - 초대장에 메일 머지 표시 달고 메일 머지 자료 만들기
  - 메일 머지 만들기
- **Special page · 수식 입력하기** 126

이 책의 차례　　　　　　　　　　　　　　　　　　HANGUL 2016

한글 2016 실무 Project

- **Chapter 01 · 보고서 표지 만들기** ·············· 2
  - 글맵시를 이용하여 보고서 표지 제목 작성하기
  - 보고서 표지 내용에 글자 모양과 문단 모양 지정하기
  - 보고서 표지에 쪽 배경 지정하기
- **Chapter 02 · 서류철 라벨 만들기** ·············· 12
  - 라벨 문서 만들고 라벨 내용 입력하기
  - 라벨 내용에 글자 모양과 문단 모양 지정하기
  - 라벨 내용을 모든 셀에 자동으로 넣고 셀 속성 지정하기
  - 라벨 문서 인쇄하기
- **Chapter 03 · 인사고과규정서 작성하기** ·············· 20
  - 인사고과규정서에 적용할 스타일 만들기
  - 인사고과규정서에 스타일 적용하기
  - 인사고과규정서에 쪽 번호 매기기
  - 인사고과규정서에 머리말 삽입하기
- **Chapter 04 · 사내보 만들기** ·············· 30
  - 편집 용지 설정하고 기사 제목에 글자 모양 지정하기
  - 기사 내용을 다단 설정하고 문단 첫 글자 장식하기
  - 기사 내용에 그림 삽입하고 그림의 속성 지정하기
  - 다단 설정하고 회사 소식 작성하기
- **Chapter 05 · 광고지 만들기** ·············· 40
  - 글상자 사용하여 영문 시설명 작성하기
  - 시설 소개에 글자 모양과 문단 모양 지정하기
  - 도형을 사용하여 사업 내용 작성하기
  - 시설 마스코트 삽입하고 밝기 조정하기
  - 광고지를 PDF로 저장하기
- **Chapter 06 · 자료 수집하고 정리하기** ·············· 54
  - 그림 수집하고 정리하기
  - 내용 수집하고 정리하기
- **Chapter 07 · 판매실적현황 차트 작성하기** ·············· 62
  - 블록 계산식을 사용하여 합계 구하기
  - 차트 만들고 차트 마법사 사용하기
  - 차트 스타일 적용하기
  - 계열과 차트 배경 편집하기
- **Chapter 08 · 일정표 만들기** ·············· 72
  - 표 만들고 표 내용에 글자 모양 지정하기
  - 셀 테두리 지정하기

HANGUL 2016

01	한글 2016 시작하기	2
02	편집 용지 설정하고 문서 작성하기	8
03	문서 열고 내용 수정하기	16
04	한자와 특수문자 입력하기	24
05	상용구 사용하고 문서 인쇄하기	30
06	글자 모양과 문단 모양 지정하기	36
07	문단 첫 글자 장식하고 문단 테두리/배경 지정하기	42
08	문단 번호와 글머리표 지정하기	46
09	스타일 사용하고 모양 복사하기	52
10	블록 계산하고 정렬하기	60
S	Special Page 탭 지정하기	64
11	그리기마당과 글맵시 활용하기	66
12	그림 활용하기	74
13	도형 활용하기	80
14	표 만들기	86
15	표 편집하기	92
16	차트 작성하기	100
17	쪽 번호 매기고 쪽 테두리/배경 지정하기	106
18	머리말/꼬리말과 주석 삽입하기	110
19	책갈피 사용하고 다단 설정하기	116
20	메일 머지 사용하기	120
S	Special Page 수식 입력하기	126

한글 2016 시작하기

HANGUL 2016

한글 2016은 문서를 작성하거나 편집할 수 있는 프로그램으로 제목 표시줄, 메뉴 표시줄, 기본 도구 상자, 서식 도구 상자, 작업 창 등으로 구성되어 있습니다. 그럼, 한글 2016을 실행하고 종료하는 방법과 화면 구성을 변경하는 방법에 대해 알아보겠습니다.

Preview

01 한글 2016 실행하기

1 한글을 실행하기 위해 작업 표시줄에서 ⊞[시작] 단추를 클릭한 후 앱 뷰에서 [한글]을 클릭합니다.

바탕화면에서 한글 2016의 바로가기 아이콘(🔳)을 더블클릭하여 한글 2016을 실행할 수도 있습니다.

한글 2016의 화면 구성

❶ **제목 표시줄** : 문서의 파일 이름, 문서의 경로(현재 위치를 자세히 열거한 것), 프로그램의 이름(한컴오피스 한글)이 표시되는 곳입니다. 문서를 저장하지 않아서 문서의 파일 이름이 없는 경우에는 '빈 문서 1', '빈 문서 2', …로 표시됩니다.

❷ **메뉴 표시줄** : 한글 2016의 기능을 공통성 있는 기능별로 묶어 메뉴 탭으로 구분하여 놓은 곳입니다. [파일] 탭 이외의 다른 메뉴 탭에는 ▼[목록] 단추가 있으며 메뉴 탭을 클릭하면 해당 기본 도구 상자가 나타나고, 메뉴 탭의 ▼[목록] 단추를 클릭하면 해당 하위 메뉴가 나타납니다. 단, [파일] 탭은 해당 기본 도구 상자를 제공하지 않고 해당 하위 메뉴만 제공하여 [파일] 탭을 클릭하면 해당 하위 메뉴가 나타납니다.

❸ **기본 도구 상자** : 메뉴 탭에서 자주 사용하는 기능을 공통성 있는 기능별로 묶어 그룹으로 구분하여 놓은 곳으로 '열림 상자'라고도 합니다.

❹ **서식 도구 상자** : 문서를 편집할 때 자주 사용하는 기능을 단추로 만들어 놓은 곳입니다.

❺ **작업 창** : 사전 검색이나 스타일 등의 작업을 쉽고 빠르게 할 수 있도록 도와주는 곳입니다.

❻ **편집 창** : 문서를 작성하거나 편집하는 곳입니다.

❼ **커서** : 글자가 입력되는 위치를 나타내는 표시입니다.

❽ **문서 탭 이동 아이콘** : 문서 탭이 여러 개인 경우, 이전 문서 탭이나 다음 문서 탭으로 이동할 수 있는 아이콘입니다.

❾ **문서 탭** : 문서를 탭으로 나타낸 곳입니다. 문서 탭에는 문서의 파일 이름이 표시됩니다.

❿ **보기 선택 아이콘** : 쪽 윤곽, 문단 부호 보이기/숨기기, 조판 부호 보이기/숨기기 등과 같은 보기 관련 기능을 선택할 수 있는 아이콘입니다.

⓫ **쪽 이동 아이콘** : 문서가 여러 쪽인 경우, 이전 쪽이나 다음 쪽으로 이동할 수 있는 아이콘입니다.

⓬ **상황 선** : 커서의 위치나 삽입/수정 상태 등을 알려주는 곳입니다.

02 화면 구성 변경하기

1 작업 창을 숨기기 위해 [보기] 탭에서 **[작업 창 숨기기]를 클릭**합니다.

> [보기] 탭의 ▼[목록] 단추를 클릭한 후 [작업 창]-[작업 창 숨기기]를 클릭하여 작업 창을 숨길 수도 있습니다.

알고 넘어갑시다!

작업 창 접기/펴기

작업 창이 최소화되어 있는 경우에는 ◀[작업 창 접기/펴기]를 클릭하면 작업 창 탭이 표시되고, 특정 작업 창 탭을 클릭하면 특정 작업 창이 표시됩니다. 특정 작업 창이 표시되어 있는 경우에는 ▶[작업 창 접기/펴기]를 클릭하면 작업 창 탭만 표시되고, 다시 ▶[작업 창 접기/펴기]를 클릭하면 작업 창이 최소화됩니다.

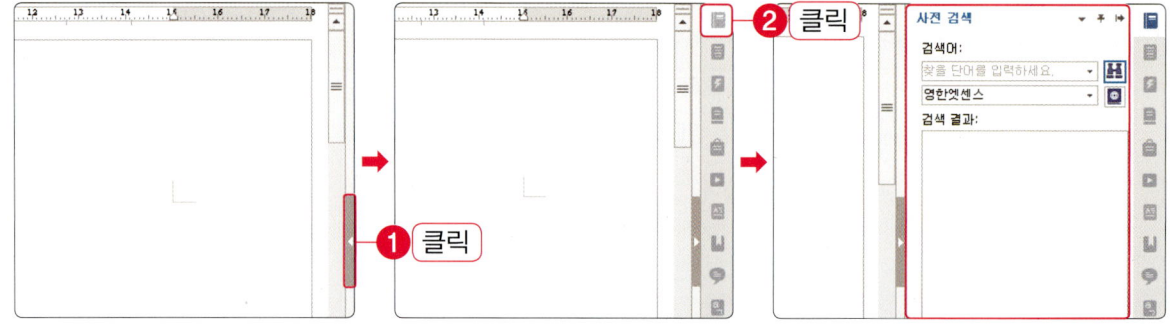

2 서식 도구 상자를 표시하지 않기 위해 [보기] 탭의 ▼[목록] 단추를 클릭한 후 [도구 상자]- [서식]을 선택 해제합니다.

알고 넘어갑시다!

도구 상자 단계별 접기/펴기

기본 도구 상자와 서식 도구 상자가 모두 표시되어 있는 경우에는 ∧ [도구 상자 단계별 접기/펴기]를 클릭하면 서식 도구 상자만 표시되고, 다시 ∧ [도구 상자 단계별 접기/펴기]를 클릭하면 서식 도구 상자도 표시되지 않습니다. 기본 도구 상자와 서식 도구 상자가 모두 표시되어 있지 않은 경우에는 ∨ [도구 상자 단계별 접기/펴기]를 클릭하면 기본 도구 상자와 서식 도구 상자가 모두 표시됩니다.

3 쪽 윤곽을 숨기기 위해 [보기] 탭에서 **[쪽 윤곽]**을 선택 해제합니다.

쪽 윤곽은 인쇄를 해야만 나타나는 용지 여백, 머리말, 꼬리말 등을 화면으로 확인할 수 있는 기능입니다.

4 쪽 윤곽이 숨겨집니다.

03 한글 2016 종료하기

1 한글 2016을 종료하기 위해 [파일] 탭-[끝]을 클릭합니다.

> 창 조절 단추에서 ×[닫기] 단추를 클릭하거나 Alt+X를 눌러 한글 2016을 종료할 수도 있습니다.

2 한글 2016이 종료됩니다.

알고 넘어갑시다!

화면 확대하고 축소하기

[보기] 탭에서 [확대/축소]를 클릭하면 [화면 확대/축소] 대화상자가 표시되며, 원하는 비율을 선택하여 화면을 확대 및 축소할 수 있습니다.

HANGUL 2016 연습문제

1 한글 2016의 화면 구성입니다. 각 구성 요소의 이름을 적어 보세요.

2 도구 상자의 접기 및 펴기를 실행해 보세요.

> **Hint**
> [보기] 탭의 ▼[목록] 단추를 클릭한 후 [도구 상자]–[서식]을 선택하면 서식 도구 상자를 표시할 수 있습니다.

3 한글 2016을 종료해 보세요.

Chapter 01 - 한글 2016 시작하기

편집 용지 설정하고 문서 작성하기

HANGUL 2016

문서를 작성하기 전에 편집 용지를 설정하는 것이 좋습니다. 그렇지 않으면 문서를 읽는 데 불편하거나 문서를 인쇄할 때 제대로 인쇄되지 않는 등 문제가 발생할 수 있기 때문입니다.

그럼, 편집 용지를 설정하고 문서를 작성하는 방법에 대해 알아보겠습니다.

Preview

C:₩단계별학습₩한글 2016₩예제파일₩Ch02.hwp

01 편집 용지 설정하기

1 한글 2016을 실행한 후 편집 용지를 설정하기 위해 **[쪽] 탭**의 **[목록] 단추**를 클릭한 다음 **[편집 용지]**를 클릭합니다.

> F7을 눌러 편집 용지를 설정할 수도 있습니다.

2 [편집 용지] 대화상자가 나타나면 [기본] 탭에서 **용지 종류(A4(국배판) [210 × 297 mm]), 용지 방향(세로), 제본(한쪽)을 선택한 후 왼쪽/오른쪽/위쪽/아래쪽 용지 여백(20), 머리말/꼬리말 용지 여백(10), 제본 용지 여백(0)을 입력**한 다음 [설정] 단추를 클릭합니다.

3 편집 용지가 설정됩니다.

알고 넘어갑시다!

편집 용지 확인하기

[보기] 탭에서 [쪽 윤곽]을 클릭, 활성화하면 전체 용지에서의 설정한 여백 등을 확인할 수 있습니다.

위쪽 용지 여백 및 머리말 용지 여백

왼쪽 용지 여백

오른쪽 용지 여백

꼬리말 용지 여백 및 아래쪽 용지 여백

02 문서 작성하기

1 한글 2016의 빈 문서에서 다음과 같이 **내용을 입력**한 후 Enter 를 두 번 누릅니다.

> **문서 입력 작업에 자주 사용하는 키**
> - 한 칸 띄우기 : SpaceBar
> - 문단 바꾸기 : Enter
> - 한글 / 영문 전환하기 : 한/영
> - 영문 대문자 / 소문자 전환하기 : CapsLock
> - 영문자에서 Shift 를 누르고 입력하면 대문자를 소문자로, 소문자를 대문자로 전환합니다.
> - 한글에서 Shift 를 누른 상태에서 입력하면 쌍자음이 입력됩니다.

알고 넘어갑시다!

조판 부호 표시 및 숨기기

[보기] 탭에서 [조판 부호]를 클릭하여 체크 또는 체크 해제에 따라 조판 부호를 표시 또는 숨기며, 조판 부호에는 칸 띄우기(∨), 문단 바꾸기(↵) 등과 이후에 배울 들여쓰기 및 내어쓰기 등을 표시합니다.

↕

2 같은 방법으로 다음과 같이 **나머지 내용을 입력**한 후 '작가'를 지우기 위해 **'작가' 뒤에 커서를 둔 다음** BackSpace **를 두 번 누릅니다.**

> **글자 삭제하기**
> - 커서 앞에 글자 삭제하기 : BackSpace
> - 커서 뒤에 글자 삭제하기 : Delete
> - 마우스를 드래그하여 블록을 지정한 후 입력하면 블록 지정된 내용이 지워지면서 입력됩니다.

3 '작가' 단어가 지워지면 **삽입 상태에서 '저자'를 입력**합니다.

> **삽입 및 수정 상태 전환하기**
> 키보드의 Insert 를 눌러 삽입 상태와 수정 상태를 서로 전환하며, 삽입 상태에서 커서 위치에 글자를 입력하면 글자가 입력되면서 기존에 입력된 글자가 뒤로 밀리고, 수정 상태에서 커서 위치에 글자를 입력하면 기존에 입력된 글자가 지워지면서 입력됩니다.

4 '작가'를 지우기 전 상태로 되돌리기 위해 [편집] 탭의 [목록] 단추를 클릭한 후 [되돌리기]-[문자 삭제 : 작가]를 클릭합니다.

취소하기 및 다시 실행하기
- 실행한 명령 취소하기 : Ctrl + Z
- 취소한 명령 다시 실행하기 : Ctrl + Shift + Z

5 다음과 같이 '작가'를 지우기 전 상태로 되돌려집니다.

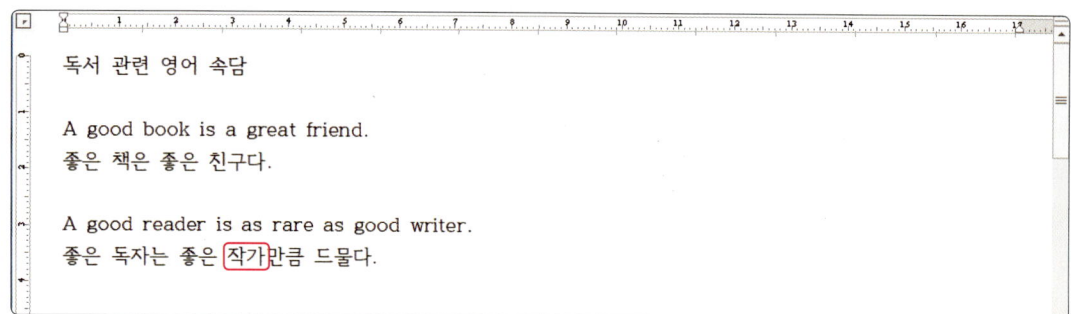

알고 넘어갑시다!

새 문서와 새 탭 알아보기

[파일] 탭-[새 문서]를 클릭하거나 Alt + N 을 누르면 다음과 같이 새 문서가 새 문서 창에 나타나고, [파일] 탭-[새 문서]-[새 탭]을 클릭하거나 Ctrl + Alt + T 를 누르면 새 문서가 현재 창에 새 문서 탭을 만든 후 새 문서 탭에 나타납니다.

▲ [새 문서]를 실행한 경우   ▲ [새 탭]을 실행한 경우

03 문서 저장하기

1 문서를 저장하기 위해 [파일] 탭-[저장하기]를 클릭합니다.

> 서식 도구 상자에서 🖫[저장하기]를 클릭하거나 Alt+S를 눌러 문서를 저장할 수도 있습니다.

2 [다른 이름으로 저장하기] 대화상자가 나타나면 **저장 위치(내 PC₩문서)를 지정**한 후 **파일 이름(독서 관련 영어속담)을 입력**한 다음 **[저장] 단추를 클릭**합니다.

알고 넘어갑시다!

문서 암호 설정하기

[다른 이름으로 저장하기] 대화상자에서 [도구]-[문서 암호] 단추를 클릭하면 다음과 같이 [문서 암호 설정] 대화상자가 나타납니다.

[문서 암호 설정] 대화상자에서 문서 암호와 암호 확인을 입력한 후 [설정] 단추를 클릭한 다음 저장하면 문서 암호를 설정하여 저장할 수 있습니다. 문서 암호를 설정하여 저장한 문서는 암호를 입력해야 열 수 있으므로 문서를 보호할 수 있습니다.

Chapter 02 - 편집 용지 설정하고 문서 작성하기

3 문서가 저장되며, 제목 표시줄에 파일의 이름 및 경로가 표시됩니다.

> 문서가 저장되면 제목 표시줄에는 저장된 문서의 파일 이름과 경로가 표시되고, 문서 탭에는 저장된 문서의 파일 이름이 표시됩니다.

알고 넘어갑시다!

문서의 저장 상태 알아보기
문서가 수정된 상태인지, 자동 저장된 상태인지, 저장된 상태인지는 다음과 같이 문서 탭에 있는 파일 이름의 색으로 구분할 수 있습니다.

❶ 문서가 수정된 상태   ❷ 문서가 자동 저장된 상태   ❸ 문서가 저장된 상태

문서 닫기
[파일]-[문서 닫기] 메뉴를 클릭하면 현재 열려 있는 문서를 닫는 기능으로 한글 2016 프로그램은 종료되지 않습니다. 메뉴 표시줄의 가장 오른쪽 ×[문서 닫기]를 클릭하거나 Ctrl+F4를 눌러 해당 문서만 닫을 수 있습니다.

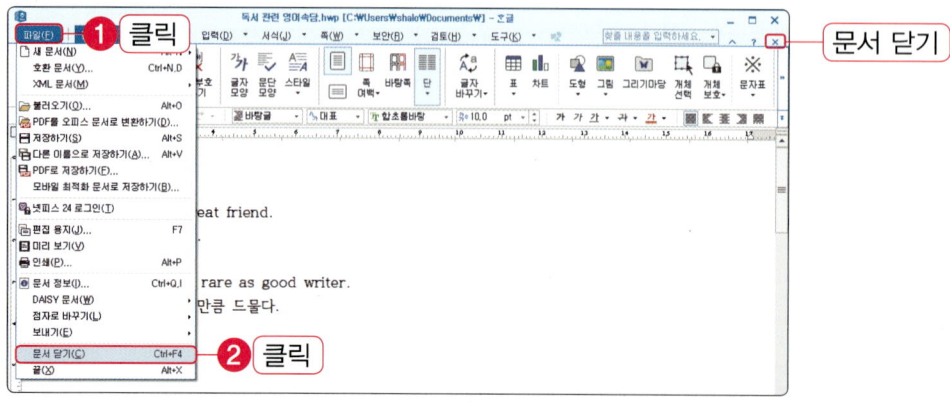

HANGUL 2016 연습문제

1 한글 2016 새 문서에서 다음과 같이 문서 내용을 작성해 보세요.

> **Hint**
> [파일] 탭-[새 문서]를 클릭하면 새 문서에 문서를 작성할 수 있습니다.

2 도구 상자의 접기 및 펴기를 실행해 보세요.

- **저장 위치** : 문서
- **파일 이름** : 언어 관련 영어속담

Chapter 02 – 편집 용지 설정하고 문서 작성하기

Chapter 03 문서 열고 내용 수정하기

HANGUL 2016

복사하기는 입력되어 있는 내용을 다른 곳에 입력할 때 사용하는 기능이고, 오려 두기는 입력되어 있는 내용을 다른 곳으로 이동할 때 사용하는 기능입니다. 복사하기와 오려 두기를 사용하면 문서를 쉽고 빠르게 작성할 수 있습니다. 그럼, 문서를 열고 내용을 수정하는 방법에 대해 알아보겠습니다.

Preview

C:₩단계별학습₩한글 2016₩예제파일₩Ch03.hwp

01 문서 열고 내용 복사하기

1 한글 2016을 실행한 후 문서를 열기 위해 **[파일] 탭-[불러오기]**를 클릭합니다.

서식 도구 상자에서 [불러오기(📂)]를 클릭하거나 **Alt**+**O**를 눌러 문서를 열 수도 있습니다.

알고 넘어갑시다!

최근 문서 목록을 이용한 문서 열기

서식 도구 상자에서 [불러오기]의 ▼[목록] 단추를 클릭하면 최근 문서 목록이 나타납니다. 최근 문서 목록에서 문서 이름을 클릭하면 해당 문서를 열 수 있고, [비우기]를 클릭하면 최근 문서 목록을 지울 수 있습니다.

2 [불러오기] 대화상자가 나타나면 **찾는 위치(C:\단계별학습\한글 2016\예제파일)를 지정**한 후 **문서(Ch03)를 선택**한 다음 [열기] 단추를 클릭합니다.

[현재 창에]를 선택하면 문서가 현재 창에 새 문서 탭을 만든 후 새 문서 탭에 나타납니다.

3 문서가 열리면 내용을 복사하기 위해 '**거미가 줄을 타고 올라갑니다.**'를 블록으로 설정한 후 [편집] 탭에서 [**복사하기**]를 클릭합니다.

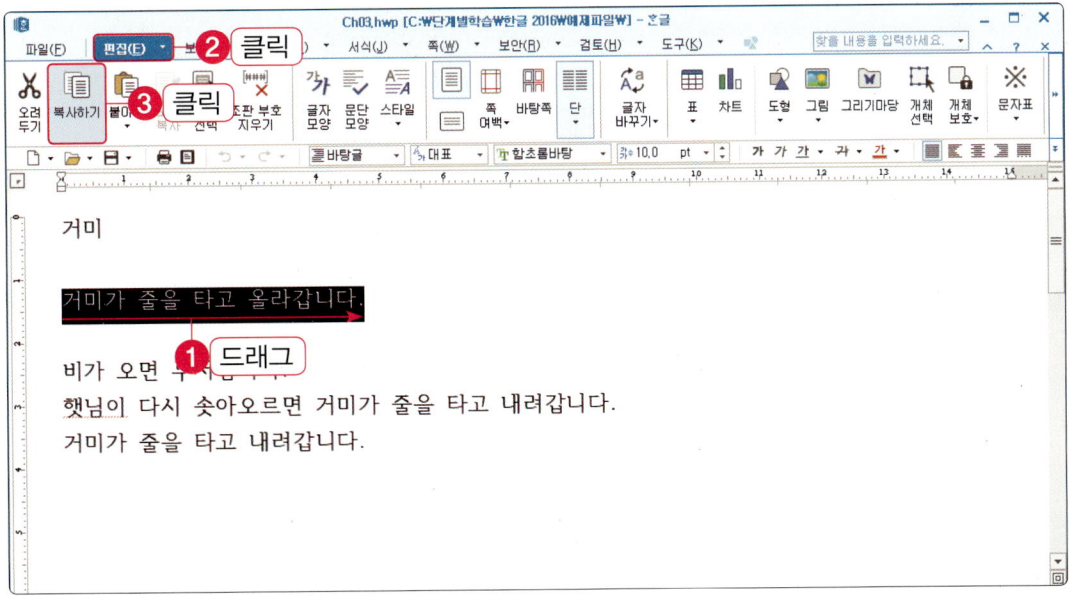

글자 또는 단어, 문장 등을 드래그하면 블록을 선택할 수 있습니다. 블록을 해제하려면 문서에서 빈 곳을 클릭하거나 Esc 를 누르면 됩니다.

알고 넘어갑시다!

키보드를 이용한 블록 설정하기
- 글자 단위 블록 설정 : 글자 앞에 커서를 위치하고 F3을 누른 후 방향키(→)를 누릅니다.
- 글자 단위 블록 설정 : 글자 앞에 커서를 위치하고 Shift를 누른 후 방향키(→)를 누릅니다.
- 단어의 블록 설정 : F3을 두 번 연속으로 누릅니다.
- 문단의 블록 설정 : F3을 세 번 연속으로 누릅니다.
- 문서 전체의 블록 설정 : F3을 네 번 연속으로 누릅니다.

마우스를 이용한 블록 설정하기
- 단어 블록 설정 : 블록 설정할 단어를 더블클릭합니다.

- 문단 블록 설정 : 블록 설정할 문단 안에서 세 번 연속으로 클릭합니다.

- 여백을 이용한 줄 단위 블록 설정 : 줄의 왼쪽 여백에 위치하여 ◁ 모양일 때 클릭합니다.

- 여백을 이용한 문단 블록 설정 : 줄의 왼쪽 여백에 위치하여 ◁ 모양일 때 더블클릭합니다.

- 여백을 이용한 문서 전체 블록 설정 : 줄의 왼쪽 여백에 위치하여 ◁ 모양일 때 세 번 연속 클릭합니다.

4 블록 지정 아래 위치를 클릭하여 커서를 둔 후 [편집] 탭에서 [붙이기]를 클릭합니다.

5 블록 지정 후 복사한 내용이 커서 위치에 붙여넣기 됩니다.

단축키를 이용한 복사 후 붙여넣기
복사할 내용을 블록 설정 후 Ctrl+C를 누른 후 붙여넣을 위치에서 Ctrl+V를 누릅니다.

알고 넘어갑시다!

마우스를 이용하여 내용 복사하기

복사할 내용을 드래그하여 블록으로 설정한 후 Ctrl을 누른 상태에서 붙여넣을 위치로 드래그하면 복사한 내용이 해당 위치에 붙여넣기 됩니다.

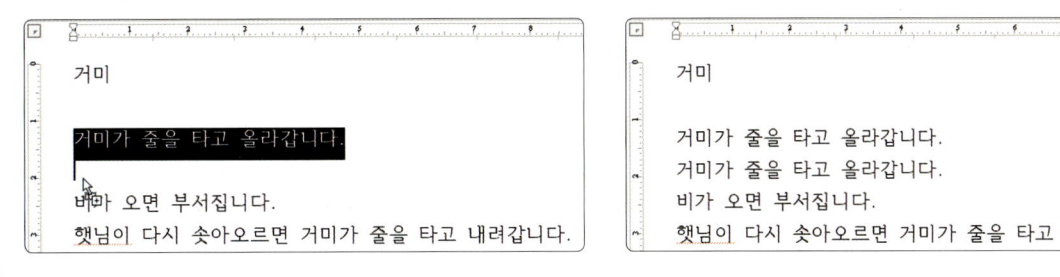

Chapter 03 – 문서 열고 내용 수정하기

02 이동 및 다른 이름으로 저장하기

1 이동을 위해 '거미가 줄을 타고 내려갑니다.'를 드래그하여 블록으로 설정한 후 [편집] 탭에서 [오려 두기]를 클릭합니다.

2 문서의 가장 아래쪽 위치를 클릭하여 커서를 둔 후 [편집] 탭에서 [붙이기]를 클릭합니다.

3 블록 지정한 내용이 이동됩니다.

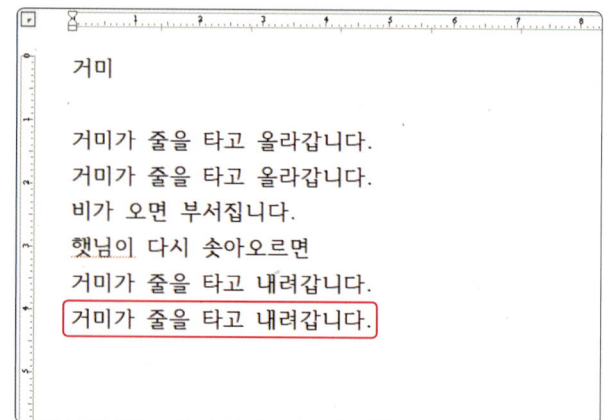

단축키를 이용한 오려두기 후 붙여넣기
이동할 내용을 블록 설정 후 Ctrl+X를 누른 후 붙여넣을 위치에서 Ctrl+V를 누릅니다.

알고 넘어갑시다!

마우스를 이용하여 내용 이동하기

이동할 내용을 드래그하여 블록으로 설정한 후 이동 위치로 드래그하면 블록 설정한 내용이 해당 위치로 이동됩니다.

4 문서를 다른 이름으로 저장하기 위해 **[파일] 탭-[다른 이름으로 저장하기]를 클릭**합니다.

다른 이름으로 저장하기

서식 도구 상자에서 [저장하기]의 ▼[목록] 단추를 클릭한 후 [다른 이름으로 저장하기]를 클릭하거나 Alt + V 를 눌러도 문서를 다른 이름으로 저장할 수 있습니다.

5 [다른 이름으로 저장하기] 대화상자가 나타나면 **저장 위치(내 PC\문서)를 지정**한 후 **파일 이름(거미)을 입력**한 다음 [저장] 단추를 클릭합니다.

다른 이름으로 저장하기를 사용하는 이유

문서의 내용을 수정한 후 [파일] 탭-[저장하기]를 클릭하면 [다른 이름으로 저장하기] 대화상자가 나타나지 않고 기존 파일 이름으로 저장됩니다. 기존 문서를 그대로 둔 상태에서 다른 파일 이름으로 문서를 하나 더 만들려면 다른 이름으로 문서를 저장해야 합니다.

알고 넘어갑시다!

찾기
- 찾기는 문서에서 지정한 내용을 찾는 기능입니다.
- [편집] 탭–[찾기]의 목록(▼) 단추를 클릭한 후 [찾기]를 클릭하거나 [편집] 탭의 ▼[목록] 단추를 클릭한 후 [찾기]–[찾기]를 클릭하면 [찾기] 대화상자가 나타납니다.
- [찾기] 대화상자에서 찾을 내용을 입력한 후 [다음 찾기] 단추를 클릭하면 문서에서 지정한 내용을 찾을 수 있습니다.

찾아 바꾸기
- 찾아 바꾸기는 문서에서 지정한 내용을 찾아서 지정한 내용으로 바꾸는 기능입니다.
- [편집] 탭–[찾기]의 목록(▼) 단추를 클릭한 후 [찾아 바꾸기]를 클릭하거나 [편집] 탭의 목록(▼) 단추를 클릭한 후 [찾기]–[찾아 바꾸기]를 클릭하면 [찾아 바꾸기] 대화상자가 나타납니다.
- [찾아 바꾸기] 대화상자에서 찾을 내용과 바꿀 내용을 입력한 후 [바꾸기] 단추를 클릭하면 문서에서 지정한 내용을 찾아 바꿀 수 있습니다.

HANGUL 2016 연습문제

1 한글 2016 새 문서에서 다음과 같이 문서 내용을 작성해 보세요.

2 '1호선'을 '가산디지털단지역-', '온수역-', '부평구청역-' 뒤에 복사한 후 ', 경춘선'을 '상봉역-중앙선' 뒤로 이동한 다음 다른 이름으로 저장해 보세요.

- **저장 위치** : 문서
- **파일 이름** : 수도권 지하철 7호선 환승 정보

Hint

[파일] 탭-[다른 이름으로 저장하기]를 클릭하면 문서를 다른 이름으로 저장할 수 있습니다.

한자와 특수문자 입력하기

HANGUL 2016

한자는 먼저 해당 한글을 입력한 후 한자로 바꾸기를 사용하여 해당 한글을 한자로 바꾸어서 입력합니다. 키보드에 없는 특수문자(●, ◇, ■ 등)는 문자표나 글자 겹치기를 사용하여 입력합니다.
그럼, 한자와 특수문자를 입력하는 방법에 대해 알아보겠습니다.

Preview

C:₩단계별학습₩한글 2016₩예제파일₩Ch04.hwp

01 한자 입력하기

1 한자를 입력하기 위해 '고사성어' 뒤에 커서를 둔 후 [입력] 탭에서 **[한자 입력]-[한자로 바꾸기]**를 클릭합니다.

한자 입력 방법
- 방법1 : [입력] 탭에서 [한자 입력]-[한자로 바꾸기]를 클릭합니다.
- 방법2 : [편집] 탭에서 [글자 바꾸기]-[한자로 바꾸기]를 클릭합니다.
- 방법3 : 키보드의 한자 또는 F9를 누릅니다.

2 [한자로 바꾸기] 대화상자가 나타나면 **한자(故事成語)와 입력 형식(한글(漢字))을 선택**한 후 [바꾸기] 단추를 클릭합니다.

> [자전 보이기]를 선택하면 한자의 뜻과 획수 등을 확인할 수 있습니다.

3 같은 방법으로 다음과 같이 **한자를 입력**합니다.

알고 넘어갑시다!

한자 발음 표시하기

[보기] 탭에서 [한자 발음 표시]를 선택하거나 [보기] 탭의 목록(▼) 단추를 클릭한 후 [한자 발음]–[한자 발음 표시]를 선택하면 한자의 발음을 표시할 수 있습니다.

Chapter 04 – 한자와 특수문자 입력하기 **25**

02 특수문자 입력하기

1 문자표를 사용하여 특수문자를 입력하기 위해 '친구 관련' 앞에 커서를 둔 후 [입력] 탭에서 [문자표]-[문자표]를 클릭합니다.

2 [문자표 입력] 대화상자가 나타나면 [한글(HNC) 문자표] 탭에서 **문자 영역(전각 기호(일반))을 선택**한 후 **문자(◆)를 선택**한 다음 [넣기] 단추를 클릭합니다.

> [입력] 탭의 목록(▼) 단추를 클릭한 후 [문자표]를 클릭하거나 Ctrl + F10 을 눌러도 [문자표 입력] 대화상자를 표시할 수 있습니다.

3 특수문자(◆)가 입력되면 키보드의 SpaceBar 를 눌러 한 칸을 띄어줍니다.

4 글자 겹치기를 사용하여 특수문자를 입력하기 위해 '간담상조(肝膽相照)' 앞에 커서를 둔 후 [입력] 탭에서 [입력 도우미]-[글자 겹치기]를 클릭합니다.

5 [글자 겹치기] 대화상자가 나타나면 **겹쳐 쓸 글자(1)를 입력**한 후 [모양과 겹치기]를 선택한 다음 **기타 문자(①)를 선택**하고 [넣기] 단추를 클릭합니다.

- [글자 겹치기] 대화상자의 모양과 겹치기 항목에서 목록(▼) 단추를 클릭하면 화면에 표시된 모양 이외의 추가 모양을 확인할 수 있습니다.
- [입력] 탭의 목록(▼) 단추를 클릭한 후 [글자 겹치기]를 클릭해도 [글자 겹치기] 대화상자를 표시할 수 있습니다.

6 특수문자(①)가 입력되면 키보드의 SpaceBar를 눌러 한 칸을 띄어줍니다.

7 같은 방법으로 다음과 같이 **글자 겹치기를 사용하여 특수문자를 입력**합니다.

알고 넘어갑시다!

덧말 넣기

- 덧말은 내용의 위나 아래에 넣는 내용에 대한 보충 설명이나 참조 등을 말합니다.
- 덧말 사용은 내용을 블록으로 설정한 후 [입력] 탭에서 [덧말]을 클릭하거나 [입력] 탭의 목록(▼) 단추를 클릭한 후 [덧말 넣기]를 클릭하면 [덧말 넣기] 대화상자가 나타나며, [덧말 넣기] 대화상자에서 덧말을 입력한 후 덧말 위치를 선택한 다음 [넣기] 단추를 클릭하면 블록으로 설정한 내용에 덧말을 넣을 수 있습니다.

HANGUL 2016 연습문제

1 한글 2016 새 문서에서 다음과 같이 한자를 입력해 보세요.

> 효도 관련 故事成語(고사성어)
> 望雲之情(망운지정) : 구름을 바라보며 그리워한다는 뜻으로, 자식이 객지에서 부모님을 그리워하는 마음을 말한다.
> 反哺之孝(반포지효) : 까마귀 새끼가 자라서 어미에게 먹이를 물어다 주는 효성이라는 뜻으로, 자식이 자라서 부모님을 봉양하는 효성을 말한다.
> 昏定晨省(혼정신성) : 저녁에는 부모님의 잠자리를 보아 드리고 아침에는 부모님의 안부를 여쭈어 본다는 뜻으로, 자식이 항상 부모님의 안부를 여쭈어 보고 살피는 것을 말한다.

2 문자표를 사용하여 특수문자를 입력해 보세요.

> ◎ 효도 관련 故事成語(고사성어)
> 望雲之情(망운지정) : 구름을 바라보며 그리워한다는 뜻으로, 자식이 객지에서 부모님을 그리워하는 마음을 말한다.
> 反哺之孝(반포지효) : 까마귀 새끼가 자라서 어미에게 먹이를 물어다 주는 효성이라는 뜻으로, 자식이 자라서 부모님을 봉양하는 효성을 말한다.
> 昏定晨省(혼정신성) : 저녁에는 부모님의 잠자리를 보아 드리고 아침에는 부모님의 안부를 여쭈어 본다는 뜻으로, 자식이 항상 부모님의 안부를 여쭈어 보고 살피는 것을 말한다.

3 글자 겹치기를 사용하여 특수문자를 입력해 보세요.

> ◎ 효도 관련 故事成語(고사성어)
> ❶ 望雲之情(망운지정) : 구름을 바라보며 그리워한다는 뜻으로, 자식이 객지에서 부모님을 그리워하는 마음을 말한다.
> ❷ 反哺之孝(반포지효) : 까마귀 새끼가 자라서 어미에게 먹이를 물어다 주는 효성이라는 뜻으로, 자식이 자라서 부모님을 봉양하는 효성을 말한다.
> ❸ 昏定晨省(혼정신성) : 저녁에는 부모님의 잠자리를 보아 드리고 아침에는 부모님의 안부를 여쭈어 본다는 뜻으로, 자식이 항상 부모님의 안부를 여쭈어 보고 살피는 것을 말한다.

Hint

[입력] 탭에서 [입력 도우미]-[글자 겹치기]를 클릭하면 글자 겹치기를 사용할 수 있습니다.

상용구 사용 및 문서 인쇄하기

HANGUL 2016

문서를 작성할 때 자주 입력하는 내용이 있는 경우, 이 내용을 상용구로 등록해 놓으면 문서를 쉽고 빠르게 작성할 수 있습니다.

그럼, 상용구를 사용하고 문서를 인쇄하는 방법에 대해 알아보겠습니다.

Preview

C:₩단계별학습₩한글 2016₩예제파일₩Ch05.hwp

01 상용구 등록하기

1 상용구를 등록하기 위해 '편에 서겠습니다.'를 블록으로 설정한 후 [입력] 탭에서 [입력 도우미]-[상용구]-[상용구 등록]을 클릭합니다.

> 내용을 블록으로 설정한 후 [입력] 탭의 [입력 도우미]-[상용구]-[상용구 등록]을 클릭하거나 Alt + I 를 눌러 내용을 상용구로 등록할 수도 있습니다.

2 [상용구 등록] 대화상자가 나타나면 **준말(편에)을 입력**한 후 **[글자 속성 유지하지 않음]을 선택**한 다음 **[등록] 단추를 클릭**합니다.

- 준말은 일반적으로 블록으로 설정한 내용의 첫 글자가 지정되고, 설명은 블록으로 설정한 내용이 지정됩니다.
- [글자 속성 유지]를 선택하면 블록으로 설정한 내용과 내용의 속성(글자 모양과 문단 모양 등)이 모두 상용구로 등록됩니다.

3 내용이 상용구로 등록되면 상용구를 넣기 위해 **'힘없는 사람 ' 뒤에 '편에'를 입력**한 후 **Alt+I를 누릅니다.**

4 등록된 상용구 내용이 입력됩니다. 같은 방법으로 상용구를 사용하여 문장을 완성합니다.

알고 넘어갑시다!

[상용구] 대화상자 살펴보기

❶ **[글자 상용구] 탭** : [글자 속성 유지하지 않음]을 선택하여 상용구로 등록한 내용이 나타납니다.
❷ **[본문 상용구] 탭** : [글자 속성 유지]를 선택하여 상용구로 등록한 내용이 나타납니다.
❸ **상용구 추가하기** : 내용을 상용구로 등록합니다.
❹ **상용구 편집하기** : 상용구를 수정합니다.
❺ **상용구 지우기** : 상용구를 지웁니다.

02 맞춤법 검사하기

1 맞춤법 검사를 하기 위해 [도구] 탭에서 **[맞춤법 검사]-[맞춤법]**을 클릭합니다.

> [도구] 탭의 ▼[목록] 단추를 클릭한 후 [맞춤법 검사]-[맞춤법]를 클릭하거나 F8 을 눌러도 맞춤법 검사를 할 수 있습니다.

2 [맞춤법 검사/교정] 대화상자가 나타나면 **[시작]** 단추를 클릭합니다.

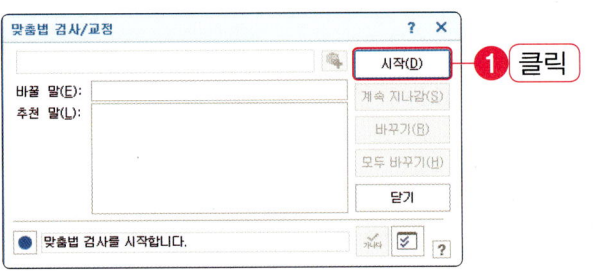

3 문서의 처음부터 맞춤법을 검사할 것인지 묻는 대화상자가 표시되면 **[검사]** 단추를 클릭한 후 맞춤법을 검사합니다. 맞춤법 검사가 끝나면 **[확인]** 단추를 클릭하여 종료합니다.

알고 넘어갑시다!

[상용구] 대화상자 살펴보기

맞춤법 검사는 문서에 잘못된 단어가 있는 경우에는 다음과 같이 바꿀 말과 추천 말을 표시해 줍니다.

❶ **지나감** : 잘못된 단어를 바꾸지 않고 지나갑니다.
❷ **계속 지나감** : 잘못된 단어를 바꾸지 않고 지나가며 이후에 같은 잘못된 단어가 나와도 자동으로 바꾸지 않고 지나갑니다.
❸ **바꾸기** : 잘못된 단어를 바꿀 말에 있는 단어로 바꿉니다.
❹ **모두 바꾸기** : 잘못된 단어를 바꿀 말에 있는 단어로 바꾸며 이후에 같은 잘못된 단어가 나오면 자동으로 바꿀 말에 있는 단어로 바꿉니다.

03 문서 인쇄하기

1 문서가 인쇄되는 모양을 확인하기 위해 **[파일]-[미리 보기]를 클릭**합니다.

> 서식 도구 상자에서 📄[미리 보기]를 클릭해도 인쇄되는 모양을 확인할 수도 있습니다.

2 미리 보기 화면이 나타나면 **문서가 인쇄되는 모양을 확인**한 후 문서를 인쇄하기 위해 [미리 보기] 탭에서 **[인쇄]를 클릭**합니다.

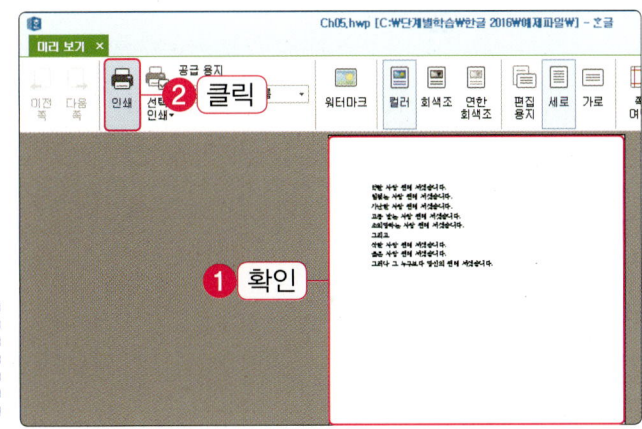

> 키보드의 Alt + P를 눌러 문서를 인쇄할 수 있습니다.

3 [인쇄] 대화상자가 나타나면 [기본] 탭에서 **인쇄 범위(문서 전체), 인쇄 매수(1), 인쇄 방식(기본 인쇄(자동 인쇄))을 지정**한 후 **[인쇄] 단추를 클릭**합니다.

Chapter 05 - 상용구 사용 및 문서 인쇄하기 **33**

4 문서가 인쇄되면 미리 보기 화면을 닫기 위해 [미리 보기] 탭에서 **[닫기]를 클릭**합니다.

> 키보드의 Esc 를 눌러 미리 보기 화면을 닫을 수 있습니다.

알고 넘어갑시다!

원하는 페이지만 인쇄하기

[인쇄] 대화상자의 [기본] 탭에서 인쇄 범위를 '일부분'으로 선택한 후 쪽 번호 입력란에 원하는 쪽 번호를 입력한 다음 [인쇄] 단추를 클릭하면 원하는 페이지만 인쇄할 수 있습니다.

1쪽과 3~4쪽만 인쇄하는 경우 ▶

모아찍기

모아 찍기는 문서를 자동으로 축소하여 한 장의 용지에 원하는 쪽 수만큼씩 들어가게 인쇄하는 기능입니다.

[인쇄] 대화상자의 [기본] 탭에서 인쇄 방식을 '모아 찍기'로 선택한 후 원하는 쪽 수를 선택한 다음 [인쇄] 단추를 클릭하면 한 장의 용지에 원하는 쪽 수만큼씩 들어가게 인쇄할 수 있습니다.

한 장의 용지에 2쪽씩 들어가도록 인쇄하는 경우 ▶

HANGUL 2016 연습문제

1 다음과 같이 내용을 상용구로 등록한 후 상용구를 넣어 보세요.

> **Hint**
> [입력] 탭에서 [입력 도우미]-[상용구]-[상용구 내용]을 클릭하면 [상용구] 대화상자가 나타나며, [상용구] 대화상자의 [글자 상용구] 탭에서 ➕[상용구 추가하기]를 클릭하면 내용을 상용구로 등록할 수 있습니다.

2 미리보기로 인쇄되는 모양을 확인한 후 문서를 인쇄해 보세요.

Chapter 05 – 상용구 사용 및 문서 인쇄하기 **35**

Chapter 06 글자 모양과 문단 모양 지정하기

HANGUL 2016

글꼴, 글자 크기, 글자 색 등의 글자 모양을 지정하거나 왼쪽 정렬, 오른쪽 정렬, 줄 간격 등의 문단 모양을 지정하면 문서를 보기 좋고 예쁘게 꾸밀 수 있습니다.
그럼, 글자 모양과 문단 모양을 지정하는 방법에 대해 알아보겠습니다.

Preview

C:₩단계별학습₩한글 2016₩예제파일₩Ch06.hwp

01 글자 모양 지정하기

1 '경기도 소재 국립박물관'을 블록으로 설정한 후 [서식] 탭에서 **글꼴**(HY수평선B), **글자 크기**(20), **글자 색**(주황(RGB: 255,132,58)을 선택한 다음 **가**[기울임]을 클릭합니다.

글자 색 선택 방법

- [글자 색]의 ▼[목록] 단추를 클릭한 후 ▶[색상 테마]로 마우스 포인터를 가져가면 기본, 오피스, 잔상 등의 색상 테마를 선택할 수 있습니다. 루비색은 기본 색상 테마에 있습니다.
- 기본 색상 테마의 색상이 다를 경우 업데이트를 합니다.

알고 넘어갑시다!

[서식] 탭의 글자 관련 도구 살펴보기

1. 글자 모양 : 글자모양 대화상자를 표시합니다.
2. 언어 : 사용할 언더를 선택합니다.
3. 글꼴 : 글자의 모양을 변경합니다.
4. 글자 크기 : 글자 크기를 변경합니다.
5. 진하게 : 글자를 굵게 표시합니다.
6. 기울임 : 글자를 오른쪽으로 기울입니다.
7. 밑줄 : 글자 아래에 선을 긋습니다.
8. 취소선 : 글자 중간에 선을 긋습니다.
9. 글자 테두리 : 글자에 테두리를 넣습니다.
10. 형광펜 : 형광펜으로 글자를 칠합니다.
11. 글자 색 : 글자의 색을 변경합니다.
12. 자간 좁게 : 글자 사이의 간격을 1%씩 줄입니다.
13. 자간 넓게 : 글자 사이의 간격을 1%씩 늘립니다.

2 '국립산림박물관'을 블록으로 설정한 후 [서식] 탭에서 **글꼴(맑은 고딕)**, **글자 크기(14)**, **글자 색(하늘색(RGB: 97,130,214) 20% 밝게)**을 선택한 다음 **가[진하게]**를 클릭합니다.

3 같은 방법으로 다음과 같이 '**국립산림박물관**'에 지정한 글자 모양을 '**지도박물관**'과 '**철도박물관**'에 지정합니다.

Chapter 06 - 글자 모양과 문단 모양 지정하기 **37**

알고 넘어갑시다!

글자 모양 대화상자를 사용하여 글자 모양 지정하기

[글자 모양] 대화상자는 [서식] 탭의 ▼[목록] 단추를 클릭한 후 [글자 모양]을 클릭하거나 Alt+L을 사용하여 표시하며, 글꼴 및 크기 등 글자 모양을 수정할 수 있습니다.

▲ [글자 모양] 대화상자의 [기본] 탭

▲ [글자 모양] 대화상자의 [확장] 탭

▲ [글자 모양] 대화상자의 [테두리/배경] 탭

02 문단 모양 지정하기

1 '경기도 소재 국립박물관'을 블록으로 설정한 후 [서식] 탭에서 [문단 정렬]-[가운데 정렬]을 클릭합니다.

2 국립산림박물관의 개요, 위치, 문의를 블록으로 설정한 후 [서식] 탭에서 [왼쪽 여백 늘리기]를 네 번 클릭합니다.

3 같은 방법으로 다음과 같이 국립산림박물관의 개요, 위치, 문의에 지정한 문단 모양을 지도박물관과 철도박물관의 개요, 위치, 문의에 지정합니다.

Chapter 06 - 글자 모양과 문단 모양 지정하기 **39**

알고 넘어갑시다!

[서식] 탭의 문단 관련 도구 살펴보기

❶ **문단 모양** : [문단 모양] 대화상자를 표시합니다.
❷ **문단 정렬** : 문단을 양쪽, 왼쪽, 가운데, 오른쪽, 배분 및 나눔 정렬 등으로 지정할 수 있습니다.
❸ **왼쪽 여백 줄이기** : 왼쪽 여백을 1pt(포인트)씩 줄입니다.
  (왼쪽 여백은 본문 편집 영역의 왼쪽부터 내용까지의 간격이며 1pt는 0.35146mm입니다.)
❹ **왼쪽 여백 늘리기** : 왼쪽 여백을 1pt씩 늘립니다.
❺ **문단 첫 글자 장식** : 문단 첫 글자를 장식합니다.
  (문단 첫 글자의 크기를 크게 변경하고 글꼴과 면 색 등을 지정할 수 있습니다.)
❻ **첫 줄 들여쓰기** : 들여쓰기를 1pt씩 늘립니다.
  (들여쓰기는 문단 첫 줄이 다른 줄보다 오른쪽으로 들어가서 시작하는 것을 말합니다.)
❼ **첫 줄 내어쓰기** : 내어쓰기를 1pt씩 늘립니다.
  (내어쓰기는 문단 첫 줄이 다른 줄보다 왼쪽으로 나와서 시작하는 것을 말합니다.)

문단 모양 대화상자를 사용하여 문단 모양 지정하기

[문단 모양] 대화상자는 [서식] 탭의 ▼[목록] 단추를 클릭한 후 [문단 모양]을 클릭하거나 Alt+T를 사용하여 표시하며, 정렬 및 여백, 줄 간격 등과 탭 설정, 테두리 및 배경 등을 수정할 수 있습니다.

▲ [문단 모양] 대화상자의 [기본] 탭

HANGUL 2016 연습문제

1 다음과 같이 글자 모양을 변경해 보세요.
- 광역시 소재 국립박물관 : 글꼴(HY나무B), 글자 크기(20), 글자 색(남색(RGB: 58,60,132)), **가**[진하게]
- 국립광주박물관/국립대구박물관/장생포고래박물관 : 글꼴(양재 둘기체M), 글자 크기(16), 글자 색(초록(RGB: 40,155,110))

2 다음과 같이 문단 모양을 변경해 보세요.
- 광역시 소재 박물관 : 가운데 정렬
- 내용 전체 : 줄 간격(140)

Hint
내용 전체를 블록으로 설정한 후 [서식] 탭에서 [문단 모양]을 클릭, [문단 모양] 대화상자가 나타나면 줄 간격에 '140'을 입력하면 내용 전체의 줄 간격을 '140'으로 지정할 수 있습니다.

Chapter 07 문단 첫 글자 장식과 문단 테두리/배경 지정하기

HANGUL 2016

문단 테두리/배경을 지정하면 문단에 테두리를 넣거나 문단 배경을 면 색과 무늬로 채워 문단을 보기좋고 예쁘게 꾸밀 수 있습니다.
그럼, 문단 첫 글자를 장식하고 문단 테두리/배경을 지정하는 방법에 대해 알아보겠습니다.

Preview

🗒 C:₩단계별학습₩한글 2016₩예제파일₩Ch07.hwp

01 문단 첫 글자 장식하기

1 문단 첫 글자를 장식하기 위해 **1번째 문단에 커서를 둔 후** [서식] 탭에서 [문단 첫 글자 장식]을 클릭합니다.

> **문단 첫 글자 장식하기**
> [서식] 탭의 [목록] 단추를 클릭한 다음 [문단 첫 글자 장식]을 클릭해도 문단 첫 글자를 장식할 수 있습니다.

2 [문단 첫 글자 장식] 대화상자가 나타나면 **모양(**[2줄]**)을 선택**한 후 **글꼴(한컴 윤고딕 230)**, **면 색(초록(RGB: 40,155,110))**, **본문과의 간격(2)을 지정**한 다음 **[설정] 단추를 클릭**합니다.

3 다음과 같이 문단 첫 글자가 장식됩니다.

[문단 첫 글자 장식] 대화상자에서 [없음]을 선택하면 문단 첫 글자 장식을 제거할 수 있습니다.

알고 넘어갑시다!

문단 첫 글자 장식하고 글자 모양 지정하기

문단 첫 글자를 장식한 후 문단 첫 글자를 블록으로 설정한 다음 글자 색이나 속성(진하게, 기울임, 외곽선 등) 등의 글자 모양을 지정하면 다음과 같이 문단 첫 글자를 더욱 보기 좋고 예쁘게 꾸밀 수 있습니다.

02 문단 테두리/배경 지정하기

1 문단 테두리/배경을 지정하기 위해 **2~4번째 문단을 블록으로 설정**한 후 [서식] 탭에서 [**문단 모양**]을 **클릭**합니다.

2 [문단 모양] 대화상자가 나타나면 [테두리/배경] 탭에서 **테두리 종류(···[점선])를 선택**한 후 [모두]를 클릭, 문단 테두리 연결을 선택하고 **면 색(하늘색(RGB: 97,130,214) 80% 밝게)을 선택**한 후 **위쪽/아래쪽 간격(2)을 입력**한 다음 [설정] 단추를 클릭합니다.

3 다음과 같이 문단 테두리/배경이 지정됩니다.

[문단 모양] 대화상자의 [테두리/배경] 탭에서 [문단 테두리 연결]을 선택 해제한 경우에는 문단별로 테두리가 표시됩니다.

HANGUL 2016 연습문제

1 다음과 같이 문단 첫 글자를 장식해 보세요.
- **1번째 문단** : 모양(▣[2줄]), 글꼴(굴림체), 면 색(주황(RGB: 255,132,58)), 본문과의 간격(2)

> **Hint**
> 1번째 문단에 커서를 둔 후 [서식] 탭에서 [문단 첫 글자 장식]을 클릭하면 문단 첫 글자를 장식할 수 있습니다.

2 다음과 같이 문단 모양을 변경해 보세요.
- **4번째 문단** : 테두리 종류(파선), 굵기(0.4mm), ▣[모두], 면 색(보라(RGB: 157,92,187) 80% 밝게), 위쪽 간격(2)

문단 번호와 글머리표 지정하기

HANGUL 2016

문단 번호는 문단 앞에 붙이는 번호를 말하고, 글머리표는 문단 앞에 붙이는 기호를 말합니다. 여러 개의 내용을 나열할 때 문단 번호나 글머리표를 지정하면 내용을 일목요연하게 보여줄 수 있습니다.
그럼, 문단 번호와 글머리표를 지정하는 방법에 대해 알아보겠습니다.

Preview

C:₩단계별학습₩한글 2016₩예제파일₩Ch08.hwp

01 문단 번호 지정하기

1 문단 번호를 지정하기 위해 2~9번째 문단을 블록으로 설정한 후 [서식] 탭의 ▼[목록] 단추를 클릭한 다음 [문단 번호 모양]을 클릭합니다.

> 문단을 블록으로 설정한 후 [서식] 탭의 ▼[목록] 단추를 클릭한 다음 [문단 번호 적용/해제]를 선택하거나 [서식] 탭에서 [문단 번호]를 선택하면 기본 문단 번호 모양(1. 가. 1) 가) (1) (가) ①)이 지정됩니다.

2 [문단 번호/글머리표] 대화상자가 나타나면 [문단 번호] 탭에서 **문단 번호 모양(1. 가. 1) 가) (1) (가) ①)을 선택**한 후 **[사용자 정의] 단추를 클릭**합니다.

- [문단 번호/글머리표] 대화상자의 [문단 번호] 탭은 [서식] 탭에서 [문단 번호]의 [목록] 단추를 클릭한 후 [문단 번호 모양]을 클릭하여 나타나게 할 수도 있습니다.
- 문단 번호 모양을 '(없음)'으로 선택하면 문단 번호를 제거할 수 있습니다.

3 [문단 번호 사용자 정의 모양] 대화상자가 나타나면 **수준(1수준)을 선택**한 후 **번호 모양(A,B,C), 너비 조정(10), 정렬(오른쪽)을 지정**합니다. 그런다음 **수준(2수준)을 선택**한 후 **번호 모양(1,2,3), 너비 조정(20), 정렬(오른쪽)을 지정**한 다음 **[설정] 단추를 클릭**합니다.

4 [문단 번호/글머리표] 대화상자가 다시 나타나면 **[설정] 단추를 클릭**합니다.

Chapter 08 – 문단 번호와 글머리표 지정하기

5 문단 번호가 지정되면 문단 번호 수준을 낮추기 위해 **3번째 문단과 4번째 문단을 블록으로 설정**한 후 [서식] 탭에서 [한 수준 감소]를 클릭합니다.

> 문단을 블록으로 설정한 후 [서식] 탭의 ▼[목록] 단추를 클릭한 다음 [한 수준 감소]를 클릭하면 문단 번호 수준을 낮출 수 있습니다.

알고 넘어갑시다!

문단 번호를 새 번호로 시작하기

문단을 블록으로 설정한 후 [서식] 탭에서 [문단 번호 새 번호로 시작]을 클릭하면 블록으로 설정한 문단의 문단 번호를 새 번호로 시작할 수 있습니다.

6 같은 방법으로 다음과 같이 **6~9번째 문단의 문단 번호 수준을 한 수준 낮춥니다.**

> 문단을 블록으로 설정한 후 [서식] 탭의 ▼[목록] 단추를 클릭한 다음 [한 수준 증가]를 클릭하거나 [서식] 탭에서 [한 수준 증가]를 클릭하면 문단 번호 수준을 높일 수 있습니다.

02 글머리표 지정하기

1 글머리표를 지정하기 위해 **3번째 문단과 4번째 문단을 블록으로 설정**한 후 [서식] 탭의 ▼[목록] 단추를 클릭한 다음 [문단 번호 모양]을 클릭합니다.

> 문단을 블록으로 설정한 후 [서식] 탭의 ▼[목록] 단추를 클릭한 다음 [글머리표 적용/해제]를 선택하거나 [서식] 탭에서 ≡[글머리표]를 선택하면 기본 글머리표(•)가 지정됩니다.

2 [문단 번호/글머리표] 대화상자가 나타나면 [글머리표] 탭에서 **글머리표 모양(◆)**을 선택한 후 [사용자 정의] 단추를 클릭합니다.

- [문단 번호/글머리표] 대화상자의 [문단 번호] 탭은 [서식] 탭에서 ≡[문단 번호]의 ▼[목록] 단추를 클릭한 후 [문단 번호 모양]을 클릭하여 나타나게 할 수도 있습니다.
- 글머리표 모양을 '(없음)'으로 선택하면 글머리표를 제거할 수 있습니다.

3 [글머리표 사용자 정의 모양] 대화상자가 나타나면 **너비 조정(20)과 정렬(오른쪽)**을 지정한 후 [설정] 단추를 클릭합니다.

Chapter 08 - 문단 번호와 글머리표 지정하기 **49**

4 [문단 번호/글머리표] 대화상자가 다시 나타나면 **[설정] 단추를 클릭**합니다.

5 다음과 같이 글머리표가 지정됩니다.

알고 넘어갑시다!

그림 글머리표 지정하기

[문단 번호/글머리표] 대화상자의 [그림 글머리표] 탭에서 그림 글머리표 모양을 선택하면 다음과 같이 해당 그림 글머리표를 지정할 수 있습니다.

1 다음과 같이 문단 번호를 지정해 보세요.

- 2번째 문단/5번째 문단 : 수준(1수준), 번호 모양(가,나,다), 너비 조정(5), 정렬(오른쪽)
- 3번째 문단/4번째 문단/6~9번째 문단 : 수준(2수준), 번호 모양(a,b,c), 너비 조정(10), 정렬(오른쪽)

2 다음과 같이 문단 번호 제거 및 글머리표를 지정해 보세요.

- 2번째 문단/5번째 문단 : 문단 번호 제거
- 3번째 문단/4번째 문단 : 글머리표 모양(▶), 너비 조정(10), 정렬(오른쪽)

Hint

문단 번호 제거는 2번째 문단에 커서를 둔 후 [서식] 탭에서 [목록] 단추를 클릭한 후 [문단 번호 적용/해제]를 클릭합니다. 같은 방법으로 5번째 문단에도 [문단 번호 적용/해제]를 클릭하여 문단 번호를 제거합니다.

스타일 사용 및 모양 복사하기

HANGUL 2016

스타일은 글자 모양이나 문단 모양 등을 미리 지정하여 하나의 형식으로 만들어 놓은 것입니다. 스타일을 만들어 놓으면 글자 모양이나 문단 모양 등을 한 번에 지정할 수 있습니다.
그럼, 스타일을 사용하고 모양을 복사하는 방법에 대해 알아보겠습니다.

Preview

- 프랑스(France)는 유럽 대륙의 서부, 지중해와 대서양 사이에 위치한 나라로 정식 명칭은 프랑스공화국이다.
  - 수도 : 파리
  - 공용어 : 프랑스어
  - 통화 : 유로화(Euro)
  - 면적 : 674,843㎢
  - 인구 : 65,273,511명(2020년)

C:\단계별학습\한글 2016\예제파일\Ch09.hwp

01 스타일 사용하기

1 스타일을 만들기 위해 [서식] 탭의 ▼[목록] 단추를 클릭한 후 [스타일]을 클릭합니다.

스타일 기능 실행하기
키보드의 F6을 눌러도 [스타일] 대화상자를 표시할 수 있습니다.

2 [스타일] 대화상자가 나타나면 ➕[스타일 추가하기]를 클릭합니다.

- ✏️[스타일 편집하기] : 스타일 목록에서 선택한 스타일을 수정할 수 있습니다.
- ❌[스타일 지우기] : 스타일 목록에서 선택한 스타일을 삭제할 수 있습니다.

3 [스타일 추가하기] 대화상자가 나타나면 **스타일 이름(개요-1)을 입력**한 후 **스타일 종류(문단)를 선택**한 다음 [문단 모양] 단추를 클릭합니다.

스타일 종류 알아보기
- 문단 스타일 : 문단 기준으로 글자 모양, 문단 모양, 문단 번호, 글머리표 등을 미리 지정할 수 있습니다.
- 글자 스타일 : 글자 기준으로 글자 모양을 미리 지정할 수 있습니다.

4 [문단 모양] 대화상자가 나타나면 [기본] 탭에서 **문단 아래(5)를 입력**한 후 [설정] 단추를 클릭합니다.

Chapter 09 - 스타일 사용 및 모양 복사하기

5 [스타일 추가하기] 대화상자가 다시 나타나면 [글자 모양] 단추를 클릭합니다.

6 [글자 모양] 대화상자가 나타나면 [기본] 탭에서 **기준 크기(11)와 글꼴(맑은 고딕)을 선택**한 후 [설정] 단추를 클릭합니다.

7 [스타일 추가하기] 대화상자가 다시 나타나면 [문단 번호/글머리표] 단추를 클릭합니다.

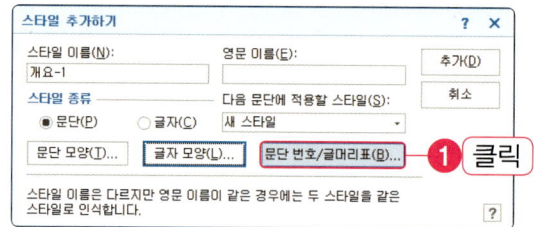

8 [문단 번호/글머리표] 대화상자가 나타나면 [그림 글머리표] 탭에서 **그림 글머리표 모양(○)을 선택**한 후 [설정] 단추를 클릭합니다.

9 [스타일 추가하기] 대화상자가 다시 나타나면 [추가] 단추를 클릭합니다.

10 [스타일] 대화상자가 다시 나타나면 **[취소] 단추를 클릭**합니다.

- [설정] 단추를 클릭하면 현재 커서가 위치한 문단에 '개요-1' 스타일이 적용됩니다. 현재 커서가 위치한 문단에 '개요-1' 스타일을 적용하지 않기 위해 [취소] 단추를 클릭한 것입니다.
- [문단 스타일]은 ☰ 아이콘으로 표시되고, [글자 스타일]은 ᴬᴬ 아이콘으로 표시됩니다.

11 스타일을 적용하기 위해 **1번째 문단에 커서를 둔 후 [서식] 탭의 ▼[목록] 단추를 클릭**한 다음 **[스타일]을 클릭**합니다.

12 [스타일] 대화상자가 나타나면 **스타일(개요-1)을 선택**한 후 **[설정] 단추를 클릭**합니다.

Chapter 09 - 스타일 사용 및 모양 복사하기

13 다음과 같이 스타일이 적용됩니다.

> **알고 넘어갑시다!**

스타일 작업 창을 사용하여 바로 스타일 적용하기

[보기] 탭의 ▼[목록] 단추를 클릭한 후 [작업 창]–[스타일]을 클릭하면 스타일 작업 창이 나타납니다. 스타일을 적용할 문단에 커서를 위치하고 스타일 작업 창에서 지정할 스타일을 선택하면 바로 해당 스타일을 적용할 수 있습니다.

02 모양 복사하기

1 글자 모양을 지정하기 위해 **'수도'를 블록으로 설정**한 후 [서식] 탭에서 **가[진하게]**를 클릭한 후 **글자 색(하늘색(RGB: 97,130,214))**을 선택합니다.

2 모양을 복사하기 위해 **'수도' 뒤에 커서를 둔 후** [편집] 탭에서 **[모양 복사]**를 클릭합니다.

'수도' 뒤에 커서를 둔 후 [편집] 탭의 ▼[목록] 단추를 클릭한 다음 [모양 복사]를 클릭하거나 Alt + C 를 눌러 모양을 복사할 수도 있습니다.

3 [모양 복사] 대화상자가 나타나면 **[글자 모양]**을 선택한 후 **[복사]** 단추를 클릭합니다.

Chapter 09 – 스타일 사용 및 모양 복사하기 **57**

4 '공용어'를 블록으로 설정한 후 [편집] 탭에서 **[모양 복사]**를 클릭합니다.

> 내용 뒤에 커서를 둔 후 [편집] 탭에서 [모양 복사]를 클릭하면 커서 앞에 있는 내용의 모양이 복사되고, 내용을 블록으로 설정한 후 [편집] 탭에서 [모양 복사]를 클릭하면 복사한 모양이 블록으로 설정한 내용에 지정됩니다.

5 '통화'를 블록으로 설정한 후 [편집] 탭에서 **[모양 복사]**를 클릭합니다.

> 모양 복사는 가장 마지막에 복사한 모양을 기억합니다. 따라서 '수도'에 지정한 글자 모양을 다시 복사하지 않아도 '수도'에 지정한 글자 모양이 '통화'에 지정됩니다.

6 같은 방법으로 다음과 같이 **'수도'**에 지정한 글자 모양을 **'면적'과 '인구'에 지정**합니다.

HANGUL 2016 연습문제

1 다음과 같이 스타일을 만든 후 '유럽 대륙의 중부에 위치한 나라'에 스타일을 적용해 보세요.
- **개요-2 스타일** : 스타일 종류(글자), 글자 모양(글꼴(맑은 고딕), 글자 색(보라(RGB: 157,92,187)))

> 독일(Germany)은 유럽 대륙의 중부에 위치한 나라로 정식 명칭은 독일연방공화국이다.
> - 수도 : 베를린
> - 공용어 : 독일어
> - 통화 : 유로화(Euro)
> - 면적 : 357,022㎢
> - 인구 : 81,305,856명(2021년)

Hint

'유럽 대륙의 중부에 위치한 나라'를 블록으로 설정한 후 스타일 작업 창에서 '개요-2' 스타일을 선택하면 '유럽 대륙의 중부에 위치한 나라'에 '개요-2' 스타일을 적용할 수 있습니다.

2 다음과 같이 '수도'에 글자 모양을 지정한 후 모양 복사를 사용하여 '수도'에 지정한 글자 모양을 '공용어', '통화', '면적', '인구'에 지정해 보세요.
- **수도** : 글꼴(맑은 고딕), 글자 색(하늘색(RGB: 97,130,214) 20% 밝게), **가**[진하게]

> 독일(Germany)은 유럽 대륙의 중부에 위치한 나라로 정식 명칭은 독일연방공화국이다.
> - **수도** : 베를린
> - **공용어** : 독일어
> - **통화** : 유로화(Euro)
> - **면적** : 357,022㎢
> - **인구** : 81,305,856명(2021년)

블록 계산 및 정렬하기

HANGUL 2016

블록 계산은 블록으로 설정한 내용에 있는 숫자들의 합계나 평균을 구하는 기능이고, 정렬은 블록으로 설정한 내용을 일정한 순서에 의해 차례대로 재배열하는 기능입니다.
그럼, 블록 계산하고 정렬하는 방법에 대해 알아보겠습니다.

Preview

C:₩단계별학습₩한글 2016₩예제파일₩Ch10.hwp

01 블록 계산하기

1 합계를 구하기 위해 **10월의 경부선, 호남선, 경전선, 전라선 여객수송현황**을 블록으로 설정한 후 [도구] 탭에서 [블록 계산]을 클릭한 다음 [블록 합계]를 클릭합니다.

> 10월의 경부선, 호남선, 경전선, 전라선 여객수송현황을 블록으로 설정한 후 [도구] 탭의 ▼[목록] 단추를 클릭한 다음 [블록 계산]-[블록 합계]를 클릭하여 합계를 구할 수도 있습니다.

2 [블록 계산 결과] 대화상자가 나타나면 [합계]를 선택한 후 [세 자리마다 쉼표로 자리 구분]을 선택한 다음 [넣기] 단추를 클릭합니다.

> 블록으로 설정한 내용 중에서 글자와 괄호([], {}, ()) 안에 있는 내용은 무시하고 계산합니다.

3 합계가 넣어지면 합계를 띄우기 위해 **합계 앞에 커서를 둔 후** SpaceBar **를 두 번 누릅니다.**

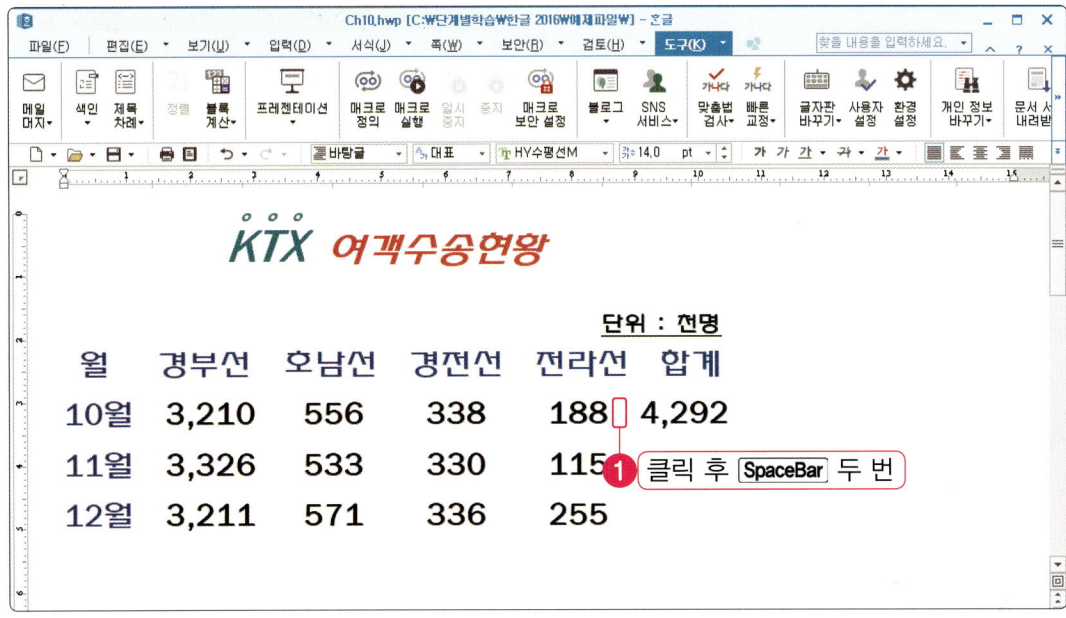

4 같은 방법으로 다음과 같이 합계를 구합니다.

Chapter 10 - 블록 계산 및 정렬하기 **61**

02 정렬하기

1 호남선을 기준으로 내림차순 정렬하기 위해 4~6번째 문단을 블록으로 설정한 후 [도구] 탭에서 [정렬]을 클릭합니다.

- 정렬에는 작은 값에서 큰 값 순으로 재배열하는 오름차순 정렬과 큰 값에서 작은 값 순으로 재배열하는 내림차순 정렬이 있습니다.
- 4~6번째 문단을 블록으로 설정한 후 [도구] 탭의 ▼[목록] 단추를 클릭한 다음 [정렬]을 클릭하여 호남선을 기준으로 내림차순 정렬을 할 수도 있습니다.

2 [정렬] 대화상자가 나타나면 기준 1에서 **위치(필드6)와 형식(숫자(987))을 선택**한 후 **필드 구분(빈칸)을 선택**한 다음 **[연속된 구분 기호 무시]를 선택**하고 [실행] 단추를 클릭합니다.

- 필드는 세로 방향에 있는 자료로 월, 경부선, 호남선, 경전선, 전라선, 합계 등을 말합니다.
- [연속된 구분 기호 무시]를 선택하면 필드 사이에 필드 구분자(빈칸)가 여러 개 있는 경우, 하나만 있는 것으로 간주하여 필드를 구분합니다.
- '필드6'은 6번째 필드(합계)를 말하고, '숫자(987)'은 큰 숫자에서 작은 숫자 순으로 재배열하는 내림차순 정렬을 말합니다.

3 다음과 같이 합계를 기준으로 내림차순 정렬됩니다.

HANGUL 2016 연습문제

1 다음과 같이 블록 계산을 사용하여 평균을 구해 보세요.

2 다음과 같이 정렬을 사용하여 평균을 기준으로 내림차순 정렬을 해 보세요.

> **Hint**
> 4~7번째 문단을 블록으로 설정한 후 [도구] 탭에서 [정렬]을 클릭하면 평균을 기준으로 내림차순 정렬을 할 수 있습니다.

Chapter 10 - 블록 계산 및 정렬하기

HANGUL 2016

탭 지정하기

문서를 작성할 때 일정한 간격으로 띄어서 입력해야 하는 경우, SpaceBar 를 사용하는 것보다 Tab 을 사용하는 것이 편합니다. 한글에서는 Tab 을 누를 때 띄우는 간격을 지정할 수 있습니다.
그럼, 탭을 지정하는 방법에 대해 알아보겠습니다.

C:₩단계별학습₩한글2016₩예제파일₩SP01.hwp

1 탭을 지정하기 위해 [서식] 탭의 [목록] 단추를 클릭한 후 [문단 모양]을 클릭합니다.

2 [문단 모양] 대화상자가 나타나면 [탭 설정] 탭에서 **탭 종류(오른쪽)와 채울 모양(점선)을 선택**한 후 **탭 위치(370)를 입력**한 다음 [추가] 단추를 클릭하여 탭이 탭 목록에 추가되면 [설정] 단추를 클릭합니다.

- [지우기] : 탭 목록에서 선택한 탭을 지웁니다.
- [모두 지우기] : 탭 목록의 모든 탭을 지웁니다.

HANGUL 2016

3 탭이 지정되면 **3번째 줄에 '설악산에서 온 편지'를 입력**한 후 `Tab`을 **누릅니다**. 탭 간격만큼 점선으로 표시되면 **'5'를 입력**한 후 `Enter`를 **누릅니다**. 같은 방법으로 **다음과 같이 내용을 입력**합니다.

- 가로 눈금자에 왼쪽 탭은 ⊥ 모양, 오른쪽 탭은 ⊥ 모양, 가운데 탭은 ⊥ 모양, 소수점 탭은 ⊥ 모양으로 표시됩니다. 여기서는 370pt 위치에 오른쪽 탭을 지정하였으므로 가로 눈금자의 370pt 위치에 ⊥ 모양이 표시됩니다.
- 가로 눈금자가 표시되어 있지 않은 경우에는 [보기] 탭에서 [가로 눈금자]를 선택합니다.

4 오른쪽 탭의 위치를 변경하기 위해 **2~5번째 문단을 블록으로 설정**한 후 다음과 같이 ⊥[**오른쪽 탭**]을 **드래그**합니다.

5 다음과 같이 오른쪽 탭의 위치가 변경됩니다.

- 2~5번째 문단이 블록으로 지정되어 ⊥[오른쪽 탭]을 드래그했을 때 한꺼번에 변경된 것으로 블록이 지정되어 있지 않은 경우 커서가 위치한 문단의 탭만 변경됩니다.
- 눈금자의 탭 모양에서 마우스 오른쪽 단추를 클릭하면 클릭할 때마다 오른쪽 탭이 가운데 탭 → 소수점 탭 → 왼쪽 탭 → 오른쪽 탭 등의 순서로 변경됩니다.

그리기마당과 글맵시 활용하기

HANGUL 2016

그리기마당은 한글에서 제공하는 그림 모음으로 그리기 조각과 클립아트로 구성되어 있습니다. 글맵시는 글자를 꾸미는 기능입니다. 문서와 어울리는 그리기마당과 글맵시를 활용하면 문서를 부각시킬 수 있습니다.
그럼, 글맵시와 그리기마당을 활용하는 방법에 대해 알아보겠습니다.

Preview

C:₩단계별학습₩한글 2016₩예제파일₩Ch11.hwp

01 그리기마당 활용하기

1 그리기 조각을 삽입하기 위해 [입력] 탭에서 **[그리기마당]**을 **클릭**합니다.

- 편집 창에 직접 입력하는 내용 이외의 그리기 조각, 클립아트, 글맵시, 그림, 도형 등을 '개체'라고 합니다.
- [입력] 탭의 ▼[목록] 단추를 클릭한 후 [그림]-[그리기마당]을 클릭하여 그리기 조각을 삽입할 수도 있습니다.

2 [그리기마당] 대화상자가 나타나면 [그리기 조각] 탭에서 **꾸러미(아이콘(인체))를 선택**한 후 **개체(손4)를 선택**한 다음 [넣기] 단추를 클릭합니다.

- 그리기 조각은 한글에서 직사각형, 타원, 선 등의 도형을 사용하여 그린 그림 모음이고, 클립아트는 외부에서 그린 그림 모음입니다.
- 꾸러미는 그리기 조각이나 클립아트를 공통성 있는 그림별로 묶어 구분하여 놓은 것을 말합니다.

3 마우스 포인터가 + 모양으로 변경되면 **다음과 같이 드래그하여 그리기 조각을 삽입**합니다.

4 그리기 조각의 속성을 지정하기 위해 [도형] 탭에서 **[개체 속성]을 클릭**합니다.

그리기 조각의 바로 가기 메뉴에서 [개체 속성]을 클릭하거나 P를 눌러도 그리기 조각의 속성을 지정할 수 있습니다.

알고 넘어갑시다!

개체의 선택 및 선택 해제하기

- 하나의 개체 선택 : 개체로 마우스 포인터를 가져가서 마우스 포인터가 모양으로 변경되었을 때 클릭합니다.
- 여러 개체 선택 : 개체를 선택한 후 Shift 를 누른 상태에서 다른 개체를 선택합니다.
- 개체 선택 해제 : 문서에서 빈 곳을 클릭하거나 Esc 를 누릅니다.

Chapter 11 – 그리기마당과 글맵시 활용하기

5 [개체 속성] 대화상자가 나타나면 [기본] 탭에서 **너비(10)와 높이(14)를 입력**한 후 **본문과의 배치([어울림])를 선택**한 다음 [여백/캡션] 탭에서 **왼쪽/오른쪽/위쪽/아래쪽 바깥 여백(1)을 입력**한 후 [설정] 단추를 클릭합니다.

> **알고 넘어갑시다!**
>
> **본문과의 배치 살펴보기**
> - [어울림] : 개체와 내용이 같은 줄에 배치됩니다. 개체와 내용은 서로 차지한 자리를 침범하지 않습니다.
> - [자리 차지] : 개체가 개체의 높이만큼 줄을 전부 차지하여 개체와 내용이 다른 줄에 배치됩니다.
> - [글 앞으로] : 개체가 내용 위에 배치됩니다.
> - [글 뒤로] : 개체가 내용 뒤에 배치됩니다.

6 그리기 조각의 속성이 지정되면 **다음과 같이 드래그하여 그리기 조각을 이동**시킵니다.

7 같은 방법으로 **다음과 같이 그리기 조각을 삽입**한 후 **그리기 조각의 속성을 지정**합니다.
- 그리기 조각 : ❶ '아이콘(인체)' 꾸러미의 '손5' 개체 ❷ '아이콘(인체)' 꾸러미의 '손6' 개체
- 그리기 조각의 속성 : 너비(10), 높이(14), 본문과의 배치([어울림]), 왼쪽/오른쪽/위쪽/아래쪽 바깥 여백(1)

개체를 선택한 후 Delete 를 누르면 개체를 삭제할 수 있습니다.

알고 넘어갑시다!

개체의 순서 변경하기

개체를 서로 겹치면 나중에 삽입한 개체가 먼저 삽입한 개체 위에 겹쳐집니다. 이런 경우에는 개체를 선택한 후 [도형] 탭에서 [맨 앞으로]를 클릭한 다음 [맨 앞으로]/[앞으로]를 클릭하거나 [맨 뒤로]를 클릭한 다음 [맨 뒤로]/[뒤로]를 클릭하면 먼저 삽입한 개체가 나중에 삽입한 개체 위에 겹쳐지게 할 수 있습니다.

02 글맵시 활용하기

1 글맵시를 만들기 위해 **1줄에 커서를 둔 후 [입력] 탭의 ▼[목록] 단추를 클릭**한 다음 **[개체]-[글맵시]**를 클릭합니다.

2 [글맵시 만들기] 대화상자가 나타나면 **내용(지하철을 이용하여 갈 수 있는 산행지)을 입력**한 후 **글꼴(HY헤드라인M)과 글맵시 모양(▲[갈매기형 수장])을 선택**한 다음 [설정] 단추를 클릭합니다.

3 글맵시가 만들어지면 글맵시의 크기를 조정하기 위해 **다음과 같이 글맵시의 크기 조정 핸들(□)을 드래그**합니다.

> 글맵시의 오른쪽 아래 크기 조정 핸들(□)로 마우스 포인터를 가져가서 마우스 포인터의 모양이 ⤡ 모양으로 변경되었을 때 드래그하면 크기를 조정할 수 있습니다.

4 글맵시에 채우기를 지정하기 위해 [글맵시] 탭에서 [채우기]의 [목록] 단추를 클릭한 후 [다른 채우기]를 클릭합니다.

> **알고 넘어갑시다!**
>
> **글맵시 스타일 적용하기**
>
> 글맵시 스타일은 글맵시에 채우기나 그림자 등을 미리 지정하여 하나의 형식으로 만들어 놓은 것입니다. 다음과 같이 글맵시를 선택한 후 [글맵시] 탭에서 [자세히]를 클릭한 다음 글맵시 스타일을 클릭하면 글맵시에 해당 글맵시 스타일을 적용할 수 있습니다.

Chapter 11 - 그리기마당과 글맵시 활용하기

5 [개체 속성] 대화상자의 [채우기] 탭이 나타나면 **[그러데이션]을 선택**한 후 **유형(나르시스)을 선택**한 다음 **[설정] 단추를 클릭**합니다.

6 다음과 같이 글맵시의 채우기가 지정됩니다.

연습문제
HANGUL 2016

1 다음과 같이 그리기마당을 활용하여 문서를 작성해 보세요.
- 그리기 조각 : '배경(그림1)' 꾸러미의 '사막의빛' 개체
- 그리기 개체의 속성 : 너비(70), 높이(65), 본문과의 배치([글 뒤로])

Hint

[입력] 탭의 [그리기마당]을 클릭한 후 [그리기마당] 대화상자의 [그리기 조각] 탭에서 꾸러미(배경(그림1))와 개체(사막의빛)를 선택한 다음 [넣기] 단추를 클릭하면 그리기 조각을 삽입할 수 있습니다.

2 다음과 같이 글맵시를 활용하여 문서를 작성해 보세요.
- 글맵시 : 글꼴(한컴 솔잎 M), 글맵시 모양(▬[아래쪽 리본 사각형]), 그러데이션(유형(가을 햇살))

Chapter 11 – 그리기마당과 글맵시 활용하기 73

그림 활용하기

HANGUL 2016

한글에서는 저장된 그림을 삽입할 수 있을 뿐만 아니라 그림에 그림자, 반사, 네온 효과 등을 지정하거나 그림을 회색조로 조정할 수도 있습니다. 그럼, 그림을 활용하는 방법에 대해 알아보겠습니다.

Preview

C:₩단계별학습₩한글 2016₩예제파일₩Ch12.hwp

01 그림 삽입하기

1 그림을 삽입하기 위해 **8줄에 커서를 둔 후** [입력] 탭에서 [그림]을 클릭합니다.

> [입력] 탭의 [목록] 단추를 클릭한 후 [그림]-[그림]을 클릭하거나 **Ctrl**+**N**, **I**를 눌러 그림을 삽입할 수도 있습니다.

2 [그림 넣기] 대화상자가 나타나면 **찾는 위치(C:₩단계별학습₩한글 2016₩예제파일)를 지정**한 후 **그림(창타이)을 선택**한 다음 **[문서에 포함]과 [글자처럼 취급]을 선택**하고 **[넣기] 단추를 클릭**합니다.

> [글자처럼 취급]을 선택하면 그림을 하나의 글자처럼 취급합니다.

3 다음과 같이 그림이 삽입됩니다.

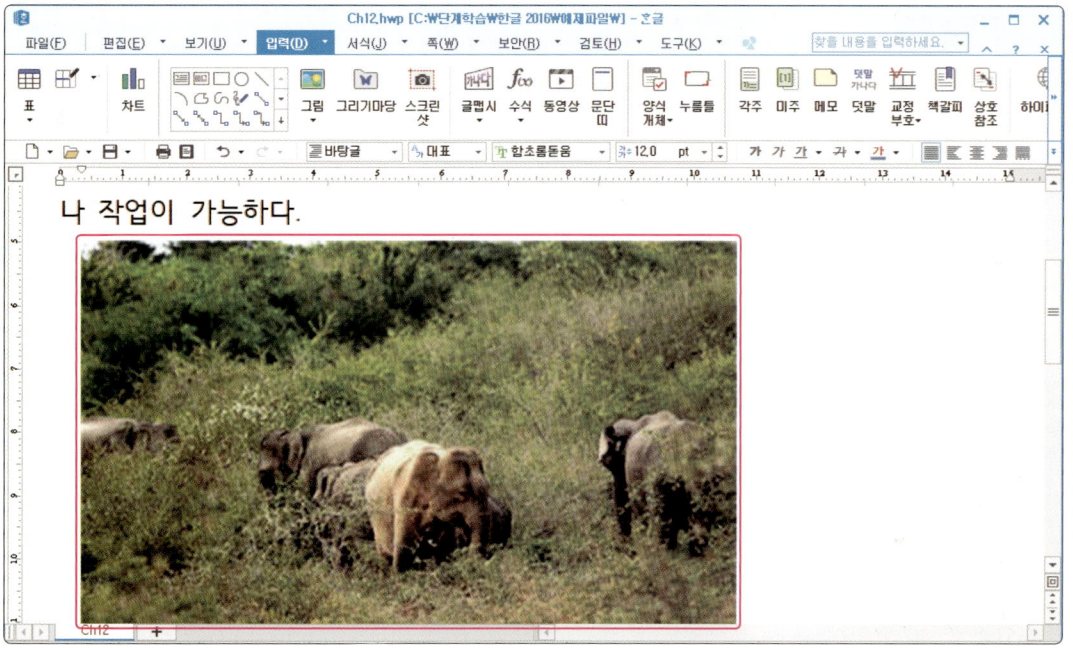

알고 넘어갑시다!

그림 넣기 후 그림이 표시되지 않는 경우 알아보기

그림 넣기를 실행한 후에도 그림이 보이지 않고 삽입된 자리만 표시될 경우 [보기] 탭에서 [그림]을 클릭하여 체크 표시하면 화면에 그림이 표시됩니다.

Chapter 12 – 그림 활용하기

02 그림 편집하기

1 그림에 캡션을 넣기 위해 **그림을 선택**한 후 [그림] 탭에서 [캡션]의 [목록] 단추를 클릭한 다음 [**오른쪽 위**]를 클릭합니다.

2 그림에 캡션이 넣어지면 **캡션 내용(태국 코끼리)을 입력**합니다.

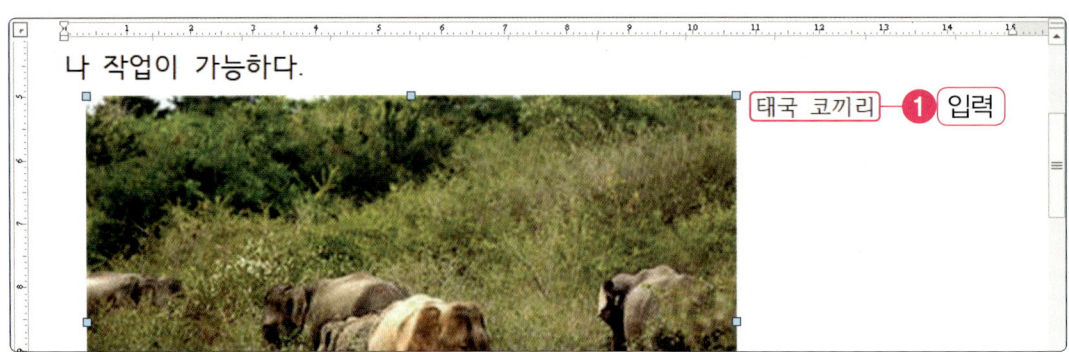

알고 넘어갑시다!

그림에 그림자/반사/네온/옅은 테두리 효과 지정하기

그림을 선택한 후 [그림] 탭에서 [그림 효과]를 클릭하면 [그림자]/[반사]/[네온]/[옅은 테두리] 등의 항목이 표시되며, 원하는 효과의 이름 및 하위 메뉴를 선택하여 원하는 효과를 지정할 수 있습니다.

3 그림을 자르기 위해 **그림을 선택**한 후 [그림] 탭에서 **[자르기]를 선택**합니다.

4 그림에 자르기 핸들이 표시되면 **다음과 같이 그림의 자르기 핸들(━)을 드래그**합니다.

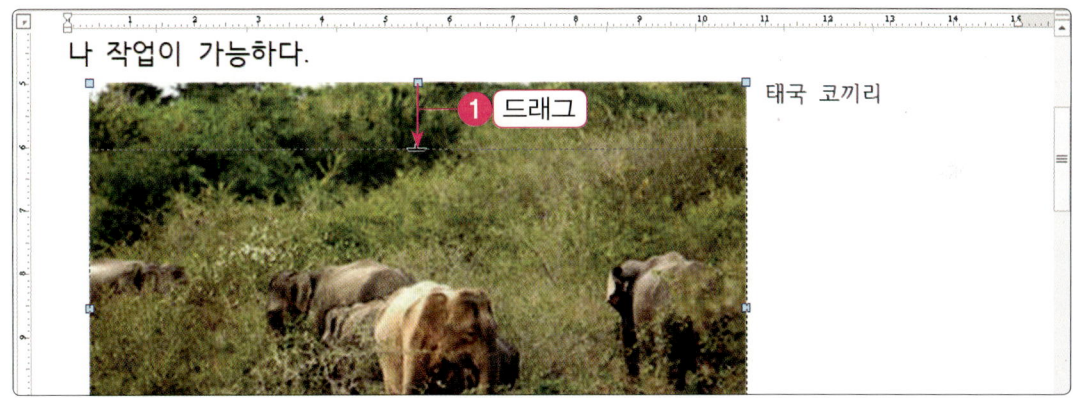

> 그림의 위쪽 가운데 자르기 핸들(━)로 마우스 포인터를 가져가서 마우스 포인터가 ┻ 모양으로 변경되었을 때 아래쪽으로 드래그합니다.

알고 넘어갑시다!

그림 자르기

그림 자르기는 자르기 명령을 실행하지 않고도 그림을 선택 후 키보드의 Shift 를 누른 상태에서 크기 조정 핸들(□)로 마우스 포인터를 가져가서 포인터 모양이 자르기 핸들 모양(┻)일때 드래그하면 그림을 자를 수 있습니다.

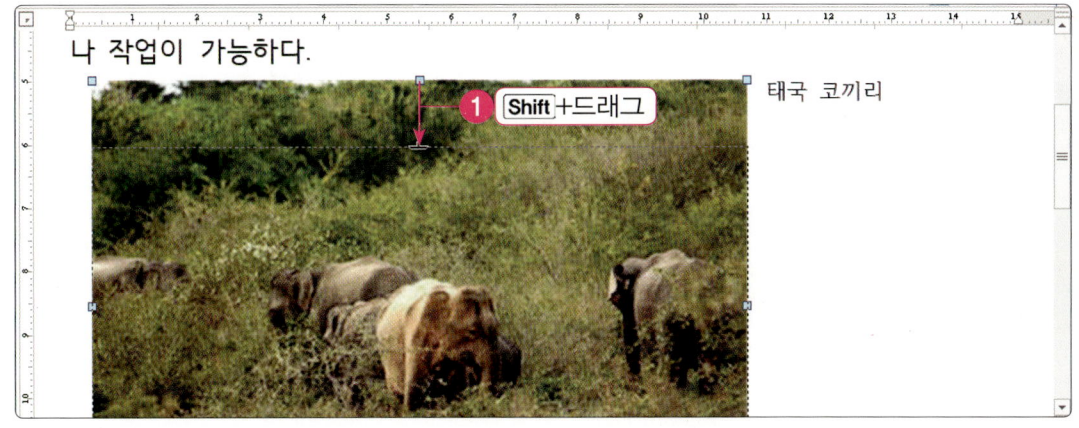

Chapter 12 – 그림 활용하기

5 그림이 잘라지면 [그림] 탭에서 **[자르기]를 선택 해제**한 후 그림을 회색조로 조정하기 위해 [그림] 탭에서 **[색조 조정]을 클릭**한 다음 **[회색조]를 클릭**합니다.

6 다음과 같이 그림이 회색조로 조정됩니다.

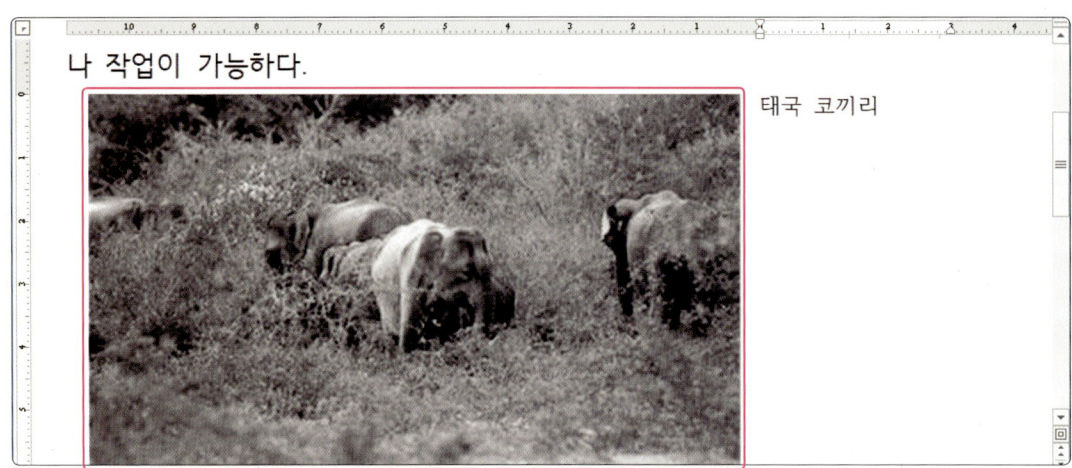

알고 넘어갑시다!

그림 스타일 적용하기

그림 스타일은 그림에 그림자 효과나 반사 효과 등을 미리 지정하여 하나의 형식으로 만들어 놓은 것입니다. 그림을 선택한 후 [그림] 탭에서 [자세히]를 클릭한 다음 그림 스타일을 클릭하면 그림에 해당 그림 스타일을 적용할 수 있습니다.

HANGUL 2016 연습문제

1 다음과 같이 그림을 삽입해 보세요.
- **그림 삽입** : 찾는 위치(C:₩단계별학습₩한글 2016₩연습파일), 파일 이름(티파야 아트), 문서에 포함, 글자처럼 취급

2 다음과 같이 그림 스타일(■[노란색 이중 그림자])을 적용해 보세요.

Hint
그림을 선택한 후 [그림] 탭에서 ▼[자세히]를 클릭한 다음 ■[노란색 이중 그림자] 클릭하면 그림에 '노란색 이중 그림자' 그림 스타일을 적용할 수 있습니다.

도형 활용하기

HANGUL 2016

한글에서는 직사각형, 타원, 직선 등의 다양한 도형을 삽입할 수 있을 뿐만 아니라 도형을 회전시키거나 도형에 내용을 입력할 수도 있습니다.
그럼, 도형을 활용하는 방법에 대해 알아보겠습니다.

Preview

C:₩단계별학습₩한글 2016₩예제파일₩Ch13.hwp

01 도형 삽입하고 도형 속성 지정하기

1 도형을 삽입하기 위해 [입력] 탭에서 도형 목록의 □[직사각형]을 클릭합니다.

[편집] 탭에서 [도형]의 ▼[목록] 단추를 클릭한 후 □[직사각형]을 클릭해도 도형을 삽입할 수 있습니다.

2 마우스 포인터가 + 모양으로 변경되면 다음과 같이 Shift를 누른 상태에서 드래그하여 도형을 삽입합니다.

- Shift+드래그 : 정 사각형이나 정원를 그릴 수 있습니다.
- Ctrl+드래그 : 마우스를 처음 클릭한 위치가 도형의 중심이 되어 드래그하면 도형이 작성됩니다.

3 도형의 속성을 지정하기 위해 [도형] 탭에서 [개체 속성]을 클릭합니다.

도형의 바로 가기 메뉴에서 [개체 속성]을 클릭하거나 키보드의 P를 눌러 도형의 속성을 지정할 수도 있습니다.

4 [개체 속성] 대화상자가 나타나면 [기본] 탭에서 **회전각(45)을 입력**한 후 [선] 탭을 클릭합니다. 그런다음 [선] 탭이 나타나면 **선 종류(선 없음)를 선택**한 후 **사각형 모서리 곡률(둥근 모양)을 선택**합니다.

5 [개체 속성] 대화상자의 [채우기] 탭을 클릭한 후 [그러데이션]을 선택한 다음 유형(열광)을 선택하고 [설정] 단추를 클릭합니다.

6 같은 방법으로 **다음과 같이 도형을 삽입**한 후 **도형의 속성을 지정**합니다.
  - 도형 : ▭[직사각형]
  - 도형의 속성 : 선 종류(선 없음), 면 색(초록(RGB: 40,155,110) 40% 밝게)

알고 넘어갑시다!

글상자 종류 살펴보기
- [가로 글상자] : 가로 방향으로 텍스트가 입력된 상자를 만듭니다.
- [세로 글상자] : 세로 방향으로 텍스트가 입력된 상자를 만듭니다.

02 도형에 내용 입력하고 도형 복사하기

1. 첫 번째 도형에 내용을 입력하기 위해 **첫 번째 도형을 선택**한 후 [도형] 탭에서 [**글자 넣기**]를 클릭합니다.

2. 첫 번째 도형에 '**1**'을 입력한 후 **블록으로 설정**한 다음 서식 도구 상자에서 **글꼴(한컴 솔잎 B), 글자 크기(20), 글자 색(하늘색(RGB: 97,130,214))**을 선택하고 ≡[**가운데 정렬**]을 클릭합니다.

3. 같은 방법으로 **다음과 같이 두 번째 도형에 내용을 입력**한 후 **글꼴 서식을 지정**합니다.
    - 글자 모양 : 글꼴(함초롬돋움), 글자 크기(14), **가**[진하게]
    - 문단 모양 : ≡[가운데 정렬]

Chapter 13 - 도형 활용하기　**83**

4 첫 번째 도형과 두 번째 도형을 묶기 위해 **첫 번째 도형과 두 번째 도형을 선택**한 후 [도형] 탭에서 [그룹]-**[개체 묶기]를 클릭**합니다.

- 개체 묶기 : 여러 개체를 하나로 묶는 기능입니다.
- 개체 풀기 : 하나로 묶인 개체를 풀어 여러 개체로 만듭니다.

5 묶인 도형을 복사하기 위해 **다음과 같이 Ctrl과 Shift를 누른 상태에서 묶인 도형을 드래그**합니다.

- Ctrl+드래그 : 선택된 개체가 드래그한 위치에 복사됩니다.
- Ctrl+Shift+드래그 : 선택된 개체가 수직 또는 수평 방향으로 동일한 위치에 복사됩니다.

6 묶인 도형이 복사되면 같은 방법으로 **다음과 같이 묶인 도형을 하나 더 복사**한 후 빈 공간을 클릭하여 선택을 해제하고 복사한 도형을 각각 클릭, 도형의 내용을 수정합니다.

HANGUL 2016 연습문제

1 다음과 같이 도형을 삽입한 후 도형에 내용을 입력해 보세요.
- 도형 : □[직사각형]
- 도형의 속성 : 선 종류(선 없음), 사각형 모서리 곡률(둥근 모양), 그러데이션(유형(하늬바람))
- 도형 내용 : 글꼴(HY강B), 글자 크기(14), 글자 색(하양), ≡[가운데 정렬]

2 다음과 같이 도형을 복사한 후 도형의 내용을 수정해 보세요.

Hint

도형을 선택한 후 **Ctrl**과 **Shift**를 누른 상태에서 도형을 아래쪽으로 드래그하면 도형을 복사할 수 있습니다.

표 만들기

HANGUL 2016

표를 만들면 복잡한 내용이나 수치 자료 등을 일목요연하게 보여줄 수 있습니다. 표는 가로 방향인 줄과 세로 방향인 칸으로 구성되어 있습니다. 따라서 표를 만들려면 먼저 줄 수와 칸 수를 지정해야 합니다.
그럼, 표를 만드는 방법에 대해 알아보겠습니다.

Preview

C:₩단계별학습₩한글 2016₩예제파일₩Ch14.hwp

01 표 만들고 표 내용 입력하기

1 표를 만들기 위해 **2줄에 커서를 둔 후** [입력] 탭에서 [표]를 클릭합니다.

[입력] 탭의 [목록] 단추를 클릭한 후 [표]-[표 만들기]를 클릭하거나 Ctrl+N, T를 눌러 표를 만들 수도 있습니다.

2 [표 만들기] 대화상자가 나타나면 **줄 수(6) 와 칸 수(3)를 입력**한 후 [**글자처럼 취급**]을 **선택**한 다음 [**만들기**] **단추를 클릭**합니다.

[글자처럼 취급]을 선택하면 표를 하나의 글자처럼 취급합니다.

3 표가 만들어지면 **다음과 같이 각 셀에 표 내용을 입력**합니다.

1줄 1칸을 클릭한 후 '영화명'을 입력한 다음 1줄 2칸을 클릭하거나 →를 누르면 1줄 2칸으로 이동할 수 있습니다. ←/→/↑/↓를 누르면 왼쪽/오른쪽/위쪽/아래쪽으로 한 셀씩 이동됩니다.

알고 넘어갑시다!

셀(Cell)이란?

표에서 줄과 칸이 교차하면서 생긴 영역을 '셀'이라고 합니다. 각 셀은 다음과 같이 나타냅니다.

	1칸	2칸	3칸	4칸
1줄	1줄 1칸	1줄 2칸	1줄 3칸	1줄 4칸
2줄	2줄 1칸	2줄 2칸	2줄 3칸	2줄 4칸
3줄	3줄 1칸	3줄 2칸	3줄 3칸	3줄 4칸

02 표 크기 조정하기

1 1칸과 2칸의 너비를 조정하기 위해 **다음과 같이 1칸과 2칸의 경계선을 드래그**합니다.

> 1칸과 2칸의 경계선으로 마우스 포인터를 가져가서 마우스 포인터가 ⬌ 모양으로 변경되었을 때 왼쪽으로 드래그합니다.

2 표의 높이를 조정하기 위해 **표 전체를 셀 블록으로 설정**한 후 **표의 아래쪽 테두리에 위치하여 마우스 포인터 모양이 ⬍ 모양일 때 아래쪽으로 드래그하여 높이를 조절**합니다.

알고 넘어갑시다!

셀 블록으로 설정하기

- F5 한 번 : 커서가 위치한 셀을 블록 설정합니다.
- F5 두 번+방향키 : 커서가 위치한 셀부터 방향키로 이동한 셀까지 연속적인 셀 블록을 설정합니다.
- F5 세 번 : 표 전체의 셀 블록을 설정합니다.
- 마우스로 드래그 : 마우스로 드래그하여 선택한 연속적인 셀을 셀 블록으로 설정합니다.
- Shift +클릭 : 커서가 위치한 셀 부터 Shift 를 누른 상태에서 클릭한 셀까지 셀 블록을 설정합니다.
- Ctrl +클릭 : Ctrl 을 누른 상태에서 클릭한 비 연속적인 셀을 셀 블록으로 설정합니다.

3 다음과 같이 표의 높이가 조정됩니다.

- 셀 블록 해제하기 : 문서의 빈 곳을 클릭하거나 키보드의 Esc 를 누릅니다.
- 표 삭제하기 : 마우스 포인터를 표의 테두리로 이동하여 모양일 때 클릭, 표를 선택한 후 Delete 를 누릅니다.

알고 넘어갑시다!

키보드를 사용하여 셀 크기 조정하기

- Ctrl + ← : 셀 블록으로 설정한 모든 칸의 너비를 줄이면서 표의 너비를 줄입니다.
- Ctrl + → : 셀 블록으로 설정한 모든 칸의 너비를 늘리면서 표의 너비를 늘립니다.
- Ctrl + ↑ : 셀 블록으로 설정한 모든 줄의 높이를 줄이면서 표의 높이를 줄입니다.
- Ctrl + ↓ : 셀 블록으로 설정한 모든 줄의 높이를 늘리면서 표의 높이를 늘립니다.

- Alt + ← : 표의 크기는 변하지 않고 셀 블록으로 설정한 마지막 칸의 너비를 줄이면서 이웃한 칸의 너비를 늘립니다.
- Alt + → : 표의 크기는 변하지 않고 셀 블록으로 설정한 마지막 칸의 너비를 늘리면서 이웃한 오른쪽 칸의 너비를 줄입니다.
- Alt + ↑ : 표의 크기는 변하지 않고 셀 블록으로 설정한 마지막 줄의 높이를 줄이면서 이웃한 아래쪽 줄의 높이를 늘립니다.
- Alt + ↓ : 표의 크기는 변하지 않고 셀 블록으로 설정한 줄의 높이를 늘리면서 이웃한 아래쪽 줄의 높이를 줄입니다.

- Shift + ← : 표의 크기는 변하지 않고 셀 블록으로 설정한 마지막 셀의 너비를 줄이면서 이웃한 오른쪽 셀의 너비를 늘립니다.
- Shift + → : 표의 크기는 변하지 않고 셀 블록으로 설정한 마지막 셀의 너비를 늘리면서 이웃한 오른쪽 셀의 너비를 줄입니다.
- Shift + ↑ : 표의 크기는 변하지 않고 셀 블록으로 설정한 마지막 셀의 높이를 줄이면서 이웃한 아래쪽 셀의 높이를 늘립니다.
- Shift + ↓ : 표의 크기는 변하지 않고 셀 블록으로 설정한 마지막 셀의 높이를 늘리면서 이웃한 아래쪽 셀의 높이를 줄입니다.

03 표 내용에 글자 모양과 문단 모양 지정하기

1 표 전체를 셀 블록으로 설정한 후 서식 도구 상자에서 **글꼴(맑은 고딕)**을 선택한 다음 **≡[가운데 정렬]**을 클릭합니다.

2 1줄을 셀 블록으로 설정한 후 서식 도구 상자에서 **가[진하게]**를 클릭한 다음 **글자 색(초록 (RGB: 40,155,110))**을 선택합니다.

3 다음과 같이 표 내용에 글자 모양과 문단 모양이 지정됩니다.

90 한글 2016

1 다음과 같이 표를 작성한 후 표 내용을 입력해 보세요.

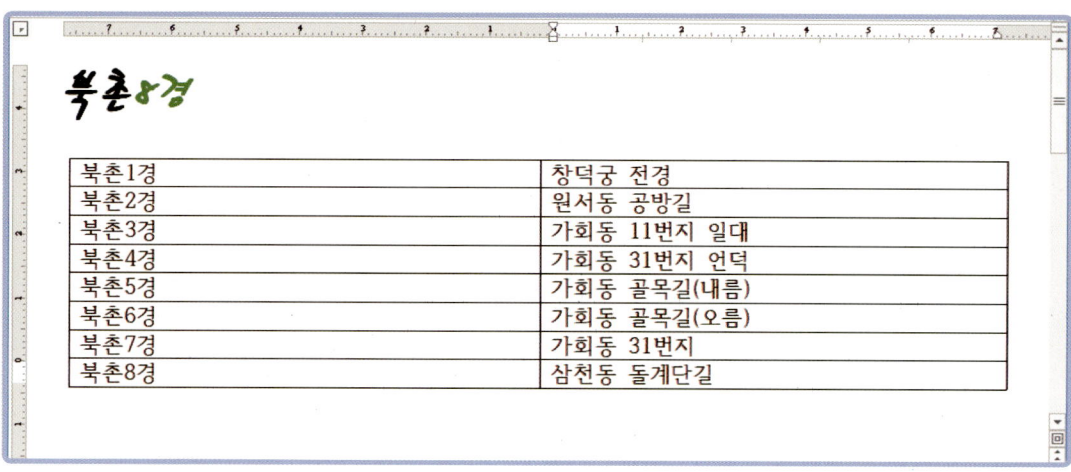

2 다음과 같이 표의 크기를 조정한 후 표 내용에 글자 모양과 문단 모양을 지정해 보세요.
- **표 전체** : 글꼴(돋움체), 글자 크기(11), 를[가운데 정렬]
- **1칸** : 글자 색(하늘색(RGB: 97,130,214))
- **2칸** : 글자 색(주황(RGB: 255,132,58))

Chapter 15 표 편집하기

HANGUL 2016

표는 셀을 나누거나 합치고 셀 테두리와 셀 배경을 지정하는 등 다양하게 편집할 수 있습니다. 또한, 계산식을 사용하여 합계나 평균 등을 구하거나 1,000 단위 구분 쉼표를 넣을 수도 있습니다.
그럼, 표를 편집하는 방법에 대해 알아보겠습니다.

Preview

의류 판매량		
분류	상품명	판매량
남성	잠바	1,280
	파카	1,050
	조끼	980
여성	티셔츠	1,450
	원피스	750
	치마	1,230
합계		6,740

C:₩단계별학습₩한글 2016₩예제파일₩Ch15.hwp

01 셀 나누고 합치기

1 셀을 나누기 위해 **2줄 2칸~3줄 3칸**을 셀 블록으로 설정한 후 [표] 탭에서 [셀 나누기]를 클릭합니다.

- 셀 나누기는 커서를 둔 셀이나 셀 블록으로 설정한 셀을 나누어 두 개 이상의 셀로 만드는 것을 말합니다.
- 2줄 2칸~3줄 3칸을 셀 블록으로 설정한 후 [표] 탭의 [목록] 단추를 클릭한 다음 [셀 나누기]를 클릭하거나 S를 눌러 셀을 나눌 수도 있습니다.

2 [셀 나누기] 대화상자가 나타나면 **줄 수(3)를 입력**한 후 **[나누기] 단추를 클릭**합니다.

[칸 수]는 선택해제합니다.

3 셀이 나누어지면 셀을 합치기 위해 **8줄 1칸~8줄 2칸을 셀 블록으로 설정**한 후 [표] 탭에서 **[셀 합치기]를 클릭**합니다.

- 셀 합치기는 셀 블록으로 설정한 두 개 이상의 셀을 합쳐서 하나의 셀로 만드는 것을 말합니다.
- 8줄 1칸~8줄 2칸을 셀 블록으로 설정한 후 [표] 탭의 [목록] 단추를 클릭한 다음 [셀 합치기]를 클릭하거나 M을 눌러 셀을 합칠 수도 있습니다.

알고 넘어갑시다!

셀 높이를 같게와 셀 너비를 같게

셀을 나누거나 합치다 보면 셀의 높이나 너비가 서로 달라지는 경우가 있습니다. 이런 경우, 표 전체를 셀 블록으로 설정한 후 [표] 탭의 [목록] 단추를 클릭한 다음 [셀 높이를 같게]를 클릭하거나 H를 누르면 셀의 높이를 같게 만들 수 있고, [셀 너비를 같게]를 클릭하거나 W를 누르면 셀의 너비를 같게 만들 수 있습니다.

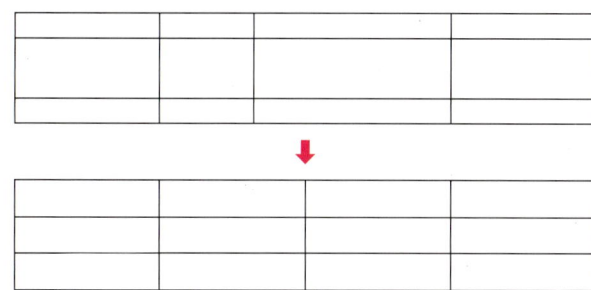

Chapter 15 – 표 편집하기

4. 셀이 합쳐지면 **다음과 같이 각 셀에 내용을 입력**한 후 **표 내용에 글자 모양과 문단 모양을 지정**합니다.
   - 표 전체 : 글자 크기(11)
   - 1줄 : **가**[진하게]
   - 1줄 1칸~1줄 3칸, 2줄 1칸~8줄 2칸 : ≡[가운데 정렬]
   - 2줄 3칸~8줄 3칸 : ≡[오른쪽 정렬]

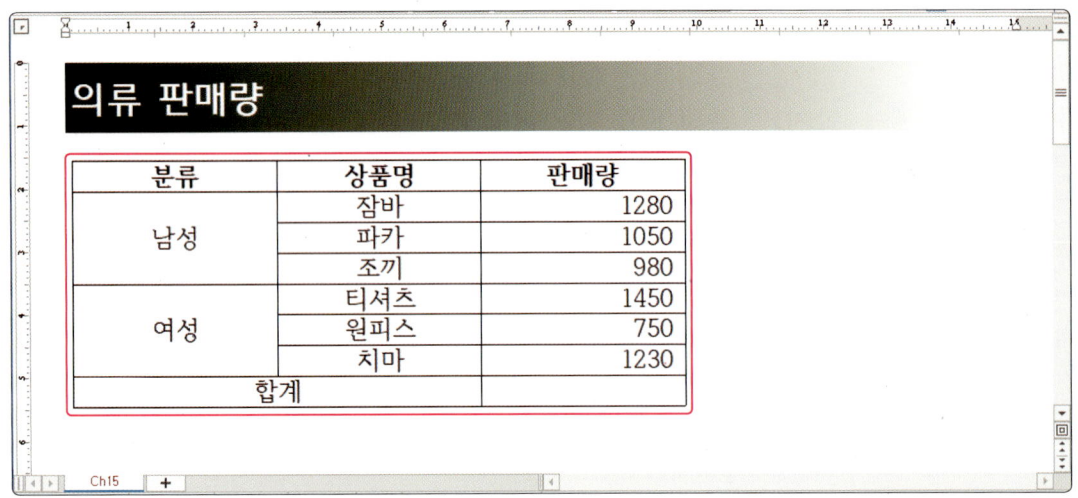

알고 넘어갑시다!

줄/칸 추가하기

셀을 선택한 후 [표] 탭의 ▼[목록] 단추를 클릭한 다음 [줄/칸 추가하기]를 클릭하거나 [Alt]+[Insert]를 누르면 다음과 같이 [줄/칸 추가하기] 대화상자가 나타납니다. [줄/칸 추가하기] 대화상자에서 왼쪽/오른쪽/위쪽/아래쪽을 선택한 후 [추가] 단추를 클릭하면 줄이나 칸을 추가할 수 있습니다.

❶ 선택한 셀의 왼쪽에 칸을 추가합니다.
❷ 선택한 셀의 오른쪽에 칸을 추가합니다.
❸ 선택한 셀의 위쪽에 줄을 추가합니다.
❹ 선택한 셀의 아래쪽에 줄을 추가합니다.

줄/칸 지우기

셀을 선택한 후 [표] 탭의 ▼[목록] 단추를 클릭한 다음 [줄/칸 지우기]를 클릭하거나 [Alt]+[Delete]를 누르면 다음과 같이 [줄/칸 지우기] 대화상자가 나타납니다. [줄/칸 지우기] 대화상자에서 칸/줄을 선택한 후 [지우기] 단추를 클릭하면 줄이나 칸을 지울 수 있습니다.

❶ 선택한 셀이 있는 칸 전체를 지웁니다.
❷ 선택한 셀이 있는 줄 전체를 지웁니다.

02 셀 테두리와 셀 배경 지정하기

1 셀 테두리를 지정하기 위해 **표 전체를 셀 블록으로 설정**한 후 [표] 탭의 [목록] 단추를 **클릭**한 다음 [셀 테두리/배경]-[**각 셀마다 적용**]을 클릭합니다.

표 전체를 셀 블록으로 설정한 후 ⓛ을 눌러 셀 테두리를 지정할 수도 있습니다.

알고 넘어갑시다!

각 셀마다 적용과 하나의 셀처럼 적용

[각 셀마다 적용]을 클릭하면 다음과 같이 각 셀마다 셀 테두리나 셀 배경 등을 지정하지만 [하나의 셀처럼 적용]을 클릭하면 셀 블록으로 설정한 셀을 하나의 셀처럼 간주하여 셀 테두리나 셀 배경 등을 지정합니다.

▲ [각 셀마다 적용]을 클릭하여 대각선을 넣은 경우   ▲ [하나의 셀처럼 적용]을 클릭하여 대각선을 넣은 경우

2 [셀 테두리/배경] 대화상자가 나타나면 [테두리] 탭에서 **테두리 종류(선 없음)을 선택**한 후 [왼쪽]과 [오른쪽]을 **선택**한 다음 [설정] 단추를 클릭합니다.

3 셀 배경을 지정하기 위해 **1줄을 셀 블록으로 설정**한 후 [표] 탭의 ▼[목록] 단추를 **클릭**한 다음 [셀 테두리/배경]-[각 셀마다 적용]을 **클릭**합니다.

1줄을 셀 블록으로 설정한 후 ⓒ를 눌러 셀 배경을 지정할 수도 있습니다.

4 [셀 테두리/배경] 대화상자가 나타나면 [배경] 탭에서 [색]을 **선택**한 후 **면 색(하늘색(RGB: 97,130,214) 40% 밝게)**을 **선택**한 다음 [설정] 단추를 **클릭**합니다.

알고 넘어갑시다!

표 스타일 적용하기

표 스타일은 셀 테두리나 셀 배경 등을 미리 지정하여 하나의 형식으로 만들어 놓은 것입니다. 표를 선택한 후 [표] 탭에서 ▼[자세히]를 클릭한 다음 표 스타일을 선택하면 해당 표 스타일을 적용할 수 있습니다.

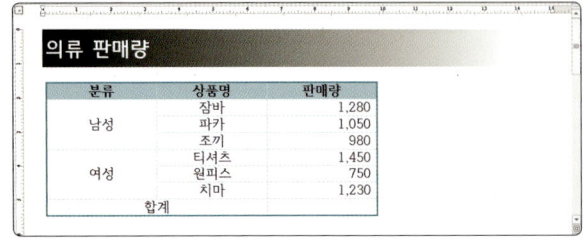

◀ 밝은 스타일 2 - 청록 색조

5 다음과 같이 셀 배경이 지정됩니다.

알고 넘어갑시다!

셀 대각선 넣기

다음과 같이 [셀 테두리/배경] 대화상자의 [대각선] 탭에서 대각선 종류를 선택한 후 대각선을 선택하면 셀에 해당 대각선을 넣을 수 있습니다.

Chapter 15 - 표 편집하기 **97**

03 계산식 사용하고 1,000 단위 구분 쉼표 넣기

1 합계를 구하기 위해 **2줄 3칸~8줄 3칸**을 셀 블록으로 설정한 후 [표] 탭에서 [계산식]을 클릭한 다음 [블록 합계]를 클릭합니다.

2 1,000 단위 구분 쉼표를 넣기 위해 **2줄 3칸~7줄 3칸**을 셀 블록으로 설정한 후 [표] 탭에서 [1,000 단위 구분 쉼표]를 클릭한 다음 [자릿점 넣기]를 클릭합니다.

3 다음과 같이 1,000 단위 구분 쉼표가 넣어집니다.

HANGUL 2016 연습문제

1 다음과 같이 셀을 나누고 합친 후 각 셀에 표 내용을 입력한 다음 셀 테두리와 셀 배경을 지정해 보세요.
- 표 전체 : 글자 크기(11), 셀 테두리(왼쪽/오른쪽(테두리 종류(선 없음)))
- 1줄 : [진하게], 셀 테두리(아래(테두리 종류([이중 실선]), 셀 배경색(보라(RGB: 157,92,187) 40% 밝게)
- 1줄 1칸~1줄 3칸, 2줄 1칸~6줄 2칸 : [가운데 정렬]
- 2줄 3칸~6줄 3칸 : [오른쪽 정렬]

노인복지시설 현황

분류		개소
노인주거복지시설	양로시설	303
	노인복지주택	87
노인의료복지시설	노인요양시설	2489
	노인요양공동생활가장	1590
평균		

2 다음과 같이 계산식을 이용하여 평균을 구한 후 2줄 3칸~5줄 3칸에 1,000 단위 구분 쉼표를 넣어 보세요.

노인복지시설 현황

분류		개소
노인주거복지시설	양로시설	303
	노인복지주택	87
노인의료복지시설	노인요양시설	2,489
	노인요양공동생활가장	1,590
평균		1,117.25

Hint

2줄 3칸~6줄 3칸을 셀 블록으로 설정한 후 [표] 탭에서 [계산식]을 클릭한 다음 [블록 평균]을 클릭하면 평균을 계산할 수 있습니다.

Chapter 15 - 표 편집하기

Chapter 16 차트 작성하기

HANGUL 2016

차트는 수치 자료를 분석하여 그 관계를 일정한 양식의 그림으로 나타낸 것입니다. 차트를 작성하면 수치 자료를 막대나 원 등으로 표시해 주므로 수치 자료를 한 눈에 파악할 수 있습니다.
그럼, 차트를 작성하는 방법에 대해 알아보겠습니다.

Preview

C:₩단계별학습₩한글 2016₩예제파일₩Ch16.hwp

01 차트 만들기

1 차트를 만들기 위해 **표 전체를 셀 블록으로 설정**한 후 [표] 탭에서 **[차트]를 클릭**합니다.

> 차트 데이터(차트로 작성할 자료)를 셀 블록으로 설정한 후 [표] 탭의 ▼[목록] 단추를 클릭한 다음 [차트 만들기]를 클릭하거나 [편집] 탭에서 [차트]를 클릭하여 차트를 만들 수도 있습니다.

2 차트가 삽입되면 **차트를 선택**한 후 [차트] 탭에서 **[글자처럼 취급]**을 선택합니다.

- 차트로 마우스 포인터를 가져가서 마우스 포인터 모양이 ▷로 변경되었을 때 클릭하면 차트를 선택할 수 있습니다.
- [글자처럼 취급]을 선택하면 차트를 하나의 글자처럼 취급합니다.

3 차트의 크기를 조정하기 위해 **다음과 같이 차트의 크기 조정 핸들(□)을 드래그**합니다.

차트의 오른쪽 가운데 크기 조정 핸들(□)로 마우스 포인터를 가져가서 마우스 포인터 모양이 ←□→로 변경되었을 때 오른쪽으로 드래그합니다.

알고 넘어갑시다!

차트의 구성

❶ 차트 배경 ❷ 영역 배경 ❸ 차트 제목 ❹ 범례
❺ 세로 축 ❻ 세로 축 이름표 ❼ 세로 축 제목 ❽ 가로 축
❾ 가로 축 이름표 ❿ 가로 축 제목 ⓫ 계열

02 차트 편집하기

1. 차트 제목을 표시하기 위해 **차트를 선택**한 후 [차트] 탭에서 제목의 제목**[목록] 단추를 클릭**한 다음 **[제목 모양]을 클릭**합니다.

2. [제목 모양] 대화상자가 나타나면 [글자] 탭에서 **내용(연도별 식품시장 규모)을 입력**한 후 **글꼴(한컴 쿨재즈 B)과 크기(14)를 지정**한 다음 **[위치] 탭을 클릭**합니다. 그런다음 **[보임]을 선택**한 후 **위치(위)를 선택**한 다음 **[설정] 단추를 클릭**합니다.

3. 차트 제목이 표시되면 범례의 위치를 변경하기 위해 **차트를 더블클릭**하여 차트 편집 상태로 전환한 후 **범례를 더블 클릭**합니다.

- 차트 편집 상태로 전환되면 차트 요소(차트 제목, 범례, 계열 등)를 선택할 수 있으며 과 같이 차트의 크기 조정 핸들 위에 차트가 표시됩니다.
- 범례를 더블클릭할 때 범례에서 계열 표식(2018년)을 더블클릭하면 [계열 모양] 대화상자가 나타나고, 계열 이름(2018년)을 더블클릭하면 [범례 모양] 대화상자가 나타납니다. 여기서는 [범례 모양] 대화상자를 나타내기 위해 범례를 더블클릭하는 것이므로 범례에서 계열 이름을 더블클릭합니다.

4 [범례 모양] 대화상자가 나타나면 [위치] 탭에서 **위치(아래)를 선택**한 후 **[설정] 단추**를 클릭합니다.

5 범례의 위치가 변경되면 차트 스타일을 적용하기 위해 [차트] 탭에서 ⊞**[자세히] 단추**를 클릭합니다.

알고 넘어갑시다!

차트 종류 변경하기

다음과 같이 차트를 선택한 후 [차트] 탭에서 차트를 선택하면 차트 종류를 변경할 수 있습니다.

Chapter 16 – 차트 작성하기　**103**

6 차트 스타일 목록이 나타나면 [초록색/붉은색 혼합, 흰색 테두리, 그림자 모양]을 클릭합니다.

7 다음과 같이 차트 스타일이 적용됩니다.

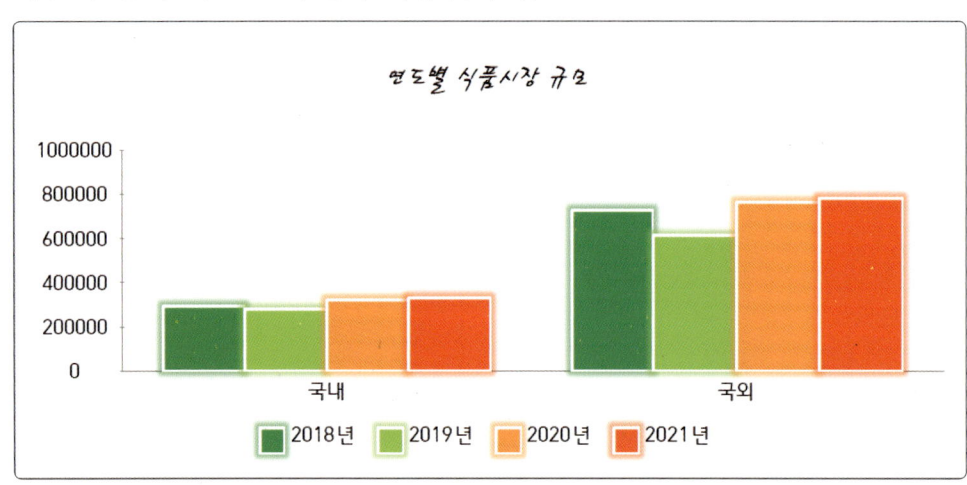

> 차트를 선택한 후 Delete 를 누르면 차트를 지울 수 있습니다.

알고 넘어갑시다!

차트 종류 변경하기

차트를 선택한 후 [차트] 탭에서 [데이터 범위]를 클릭한 후 [행]을 클릭하면 차트를 행 자료 기준으로 표시할 수 있고, [열]을 클릭하면 열 자료 기준으로 표시할 수 있습니다. 여기서는 차트를 행 자료 기준으로 표시하면 구분(국내, 국외)이 범례에 표시되고, 열 자료 기준으로 표시하면 연도(2018년, 2019년, 2020년, 2021년)가 범례에 표시됩니다.

▲ 행 자료 기준

▲ 열 자료 기준

연습문제

HANGUL 2016

1 다음과 같이 차트를 만들어 보세요.
- **차트 데이터** : 2줄 1칸 ~ 3줄 5칸
- **차트 배치** : 글자처럼 취급

2 다음과 같이 차트를 편집해 보세요.
- **차트 종류** : [자료점 이름표(값) 안쪽 표시 3차원 설정 원형]
- **차트 제목** : 글꼴(한컴 윤고딕 250), 크기(12), 위치(위)
- **범례** : 글꼴(한컴 쿨재즈 B), 크기(12), 위치(위)
- **차트 스타일** : [파스텔, 수수깡 모양]

Hint

차트를 선택한 후 [차트] 탭에서 [원형]을 클릭한 다음 [자료점 이름표(값) 안쪽 표시 3차원 설정 원형]을 클릭하면 차트 종류를 변경할 수 있습니다.

Chapter 16 - 차트 작성하기

Chapter 17 쪽 번호 매기고 쪽 테두리/배경 지정하기

HANGUL 2016

쪽 번호 매기기는 문서에 쪽 번호를 자동으로 매겨주는 기능입니다. 쪽 테두리/배경을 지정하면 문서의 각 쪽에 테두리를 넣거나 쪽 배경을 면 색과 무늬 등으로 채워 문서를 보기 좋고 예쁘게 꾸밀 수 있습니다.
그럼, 쪽 번호를 매기고 쪽 테두리/배경을 지정하는 방법에 대해 알아보겠습니다.

Preview

C:₩단계별학습₩한글 2016₩예제파일₩Ch17.hwp

01 쪽 번호 매기기

1 쪽 번호를 매기기 위해 [쪽] 탭에서 [쪽 번호 매기기]를 클릭합니다.

- [보기] 탭에서 [쪽 윤곽]을 선택하면 쪽 윤곽이 보이게 화면이 변경됩니다.
- [쪽] 탭의 ▼[목록] 단추를 클릭한 후 [쪽 번호 매기기]를 클릭하거나 Ctrl+N, P를 눌러 쪽 번호를 매길 수도 있습니다.

2 [쪽 번호 매기기] 대화상자가 나타나면 **번호 위치(오른쪽 위)를 선택**한 후 **번호 모양(1,2,3)과 [줄표 넣기]를 선택**한 다음 **[넣기] 단추를 클릭**합니다.

3 다음과 같이 쪽 번호가 매겨집니다.

알고 넘어갑시다!

쪽 번호 지우기

[보기] 탭에서 [조판 부호]를 선택하면 [쪽 번호 위치]를 확인할 수 있습니다. 쪽 번호를 지우려면 [쪽 번호 위치] 앞에 커서를 둔 후 Delete 를 누르면 됩니다.

새 번호로 시작

[쪽] 탭에서 [새 번호로 시작]을 클릭하면 [새 번호로 시작] 대화상자가 나타납니다. [새 번호로 시작] 대화상자에서 번호 종류를 [쪽 번호]로 선택한 후 시작 번호를 입력한 다음 [넣기] 단추를 클릭하면 쪽 번호를 새 번호로 시작할 수 있습니다.

Chapter 17 - 쪽 번호 매기고 쪽 테두리/배경 지정하기 **107**

02 쪽 테두리/배경 지정하기

1 쪽 테두리/배경을 지정하기 위해 [쪽] 탭에서 **[쪽 테두리/배경]을 클릭**합니다.

2 [쪽 테두리/배경] 대화상자가 나타나면 [테두리] 탭에서 **테두리 종류(═[이중 실선]), 굵기(0.5mm), 색(보라(RGB: 157,92,187))을 선택**한 후 **▢[모두]를 클릭**한 다음 [배경] 탭을 클릭합니다. 그런다음 [색]을 선택한 후 **면 색(보라(RGB: 157,92,187) 80% 밝게)을 선택**한 다음 **채울 영역(테두리)을 선택**하고 [설정] 단추를 클릭합니다.

3 다음과 같이 쪽 테두리/배경이 지정됩니다.

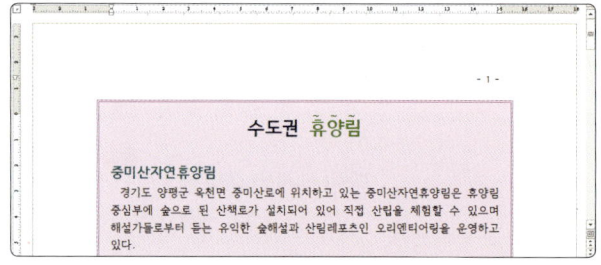

알고 넘어갑시다!

채울 영역

[쪽 테두리/배경] 대화상자의 [배경] 탭에서 채울 영역을 [종이]로 선택한 경우에는 다음과 같이 편집 용지 전체를 면 색으로 채우고, [쪽]을 선택한 경우에는 본문 편집 영역 안쪽(왼쪽/오른쪽/위쪽/아래쪽 여백과 머리말/꼬리말 여백 제외)을 면 색으로 채웁니다.

▲ 채울 영역을 [종이]로 선택한 경우

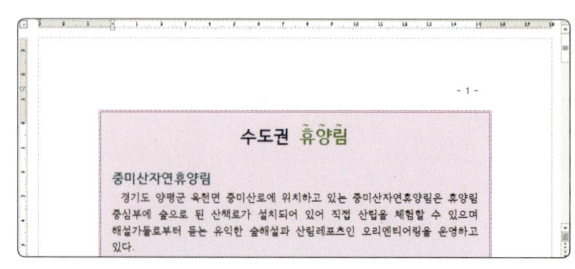
▲ 채울 영역을 [쪽]으로 선택한 경우

HANGUL 2016 연습문제

1 다음과 같이 쪽 번호를 매겨 보세요.
   - 쪽 번호 매기기 : 번호 위치(왼쪽 위), 번호 모양(A,B,C), [줄표 넣기] 선택

Hint

[쪽] 탭에서 [쪽 번호 매기기]를 클릭하면 쪽 번호를 매길 수 있습니다.

2 다음과 같이 쪽 테두리/배경을 지정해 보세요.
   - 쪽 테두리 : 테두리 종류(═[이중 실선], 굵기(1mm), ▢[모두] 색(하늘색(RGB: 97,130,214))
   - 쪽 배경 : 색(하늘색(RGB: 97,130,214) 80% 밝게), 채울 영역(테두리)

Chapter 17 - 쪽 번호 매기고 쪽 테두리/배경 지정하기

Chapter 18 머리말/꼬리말과 주석 삽입하기

HANGUL 2016

머리말은 쪽의 상단, 꼬리말은 쪽의 하단에 고정적으로 들어가는 내용을 말합니다. 주석은 내용에 대한 보충 설명이나 참조 등을 말하며 해당 쪽의 하단에 넣은 각주와 마지막 쪽에 넣는 미주가 있습니다.
그럼, 머리말/꼬리말과 각주를 삽입하는 방법에 대해 알아보겠습니다.

Preview

C:₩단계별학습₩한글 2016₩예제파일₩Ch18.hwp

01 머리말/꼬리말 삽입하기

1 머리말을 삽입하기 위해 [쪽] 탭에서 **[머리말]**을 **클릭**한 후 [위쪽]-**[양쪽]**을 **클릭**한 다음 **[모양 없음]**을 **클릭**합니다.

현재 화면은 머리말/꼬리말과 각주를 화면으로 확인하기 위해 [보기] 탭에서 [쪽 윤곽]을 선택하여 쪽 윤곽을 보이게 한 화면입니다.

2 머리말 입력 화면이 나타나면 **머리말(장-프랑수아 밀레)**을 입력한 후 **내용을 블록으로 설정**한 다음 [서식] 도구 상자에서 **가[진하게]**를 **클릭**합니다. 그런다음 [머리말/꼬리말] 탭에서 **[머리말/꼬리말 닫기]**를 **클릭**합니다.

3 다음과 같이 머리말이 삽입됩니다.

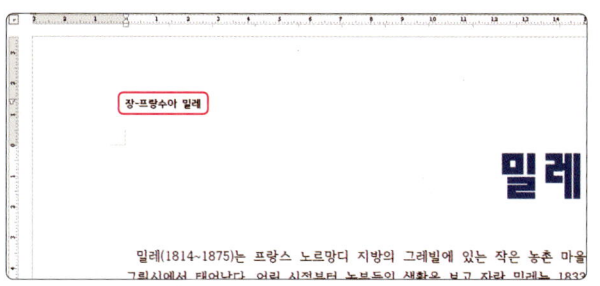

4 꼬리말을 삽입하기 위해 [쪽] 탭에서 **[꼬리말]**을 **클릭**한 후 **[양쪽]**을 **클릭**한 다음 **[모양 없음]**을 **클릭**합니다.

> **알고 넘어갑시다!**
>
> **[머리말/꼬리말] 대화상자를 이용하여 머리말/꼬리말 삽입하기**
>
> [머리말/꼬리말] 대화상자를 이용하여 머리말/꼬리말을 삽입할 수도 있습니다. [머리말/꼬리말] 대화상자는 [쪽] 탭의 ▼[목록] 단추를 클릭한 후 [머리말/꼬리말]을 클릭하거나 Ctrl+N,H를 누르면 나타납니다.
>
>

Chapter 18 - 머리말/꼬리말과 주석 삽입하기

5 꼬리말 입력 화면이 나타나면 **꼬리말(아슬란갤러리)을 입력**한 후 **내용을 블록으로 설정**한 다음 [서식] 도구 상자에서 **[오른쪽 정렬]을 클릭**합니다. 그런다음 [머리말/꼬리말] 탭에서 **[머리말/꼬리말 닫기]를 클릭**합니다.

6 다음과 같이 꼬리말이 삽입됩니다.

> 세로 이동 막대를 아래쪽으로 드래그하면 꼬리말을 확인할 수 있습니다.

02 주석 삽입하기

1 각주를 삽입하기 위해 **'폴 들라로슈' 뒤에 커서를 둔 후** [입력] 탭에서 **[각주]를 클릭**합니다.

> '폴 들라로슈' 뒤에 커서를 둔 후 [입력] 탭의 ▼[목록] 단추를 클릭한 후 [주석]–[각주]를 클릭하거나 Ctrl+N, N을 눌러 각주를 삽입할 수도 있습니다.

2 각주 입력 화면이 나타나면 **다음과 같이 각주를 입력**합니다. 그런다음 [주석] 탭에서 **[닫기]를 클릭**합니다.

- 각주는 해당 쪽의 하단에 넣어집니다.
- Shift+Esc를 눌러 각주 입력 화면을 닫을 수 있습니다.

3 다음과 같이 각주가 삽입됩니다.

각주 번호 모양 변경하기

다음과 같이 각주 입력 화면에 커서를 둔 후 [주석] 탭에서 [번호 모양]을 클릭한 다음 각주 번호를 선택하면 각주 번호를 변경할 수 있습니다.

미주 삽입하기

다음과 같이 미주를 삽입할 내용 뒤에 커서를 둔 후 [입력] 탭에서 [미주]를 클릭하면 미주 입력 화면이 나타납니다. 미주 입력 화면에서 미주를 입력한 후 [주석] 탭에서 [닫기]를 클릭하면 미주를 삽입할 수 있습니다. 미주는 마지막 쪽에 넣어지며 [입력] 탭의 ▼[목록] 단추를 클릭한 후 [주석]-[미주]를 클릭하거나 Ctrl+N, E를 눌러 미주를 삽입할 수도 있습니다.

1 다음과 같이 머리말을 삽입해 보세요.
- 위치 : 양쪽
- 머리말/꼬리말마당 : 모양 없음

2 다음과 같이 '서번트 증후군(Savant Syndrome)'에 각주를 삽입해 보세요.

Hint

'서번트 증후군(Savant Syndrome)' 뒤에 커서를 둔 후 [입력] 탭에서 [각주]를 클릭하면 '서번트 증후군(Savant Syndrome)'에 각주를 삽입할 수 있습니다.

책갈피 삽입하고 다단 설정하기

HANGUL 2016

책갈피는 문서의 여러 곳에 책갈피를 넣어 두었다가 현재 커서의 위치에 상관없이 책갈피가 넣어져 있는 위치로 커서를 곧바로 이동시키는 기능입니다. 다단 설정은 한 쪽이나 문단을 여러 개의 단으로 나누는 기능입니다. 그럼, 책갈피를 사용하고 다단을 설정하는 방법에 대해 알아보겠습니다.

Preview

찾아가는 방법
DFS 갤러리 앞 버스 정류장에서 셔틀버스를 이용하거나 MRT 앙모키오역 버스 인터체인지에서 138번 탑승

볼거리
나이트 사파리는 1994년에 개장한 세계 최초의 야간 야생 공원으로 싱가포르관광청이 수여하는 '최고의 관광명소'에 9번이나 선정된 곳이다. 115종 1,000여 마리 이상의 동물들이 40만 평방미터 넓이의 공원에서 풀을 뜯고 사냥을 한다. 야생성이 강한 동물들의 나이트쇼가 야외극장에서 하루 3번 정도 무료로 진행된다. 트램을 타고 사자, 호랑이, 사슴, 하이에나, 맥, 코끼리 등을 아주 가까운 거리에서 만나볼 수 있으며 소요시간은 30~40분 정도 된다. 도보로 구석구석을 돌아보고 싶다면 2시간여 정도가 소요된다.

C:\단계별학습\한글 2016\예제파일\Ch19.hwp

01 책갈피 삽입하기

1 책갈피를 넣기 위해 '볼거리' 앞에 커서를 둔 후 [입력] 탭에서 [책갈피]를 클릭합니다.

'볼거리' 앞에 커서를 둔 후 [입력] 탭의 ▼[목록] 단추를 클릭한 다음 [책갈피]를 클릭하거나 Ctrl+N, B를 눌러 책갈피를 삽입할 수도 있습니다.

2 [책갈피] 대화상자가 나타나면 **책갈피 이름(볼거리)을 입력**한 후 **[넣기] 단추를 클릭**합니다.

3 책갈피가 삽입되면 책갈피가 넣어져 있는 위치로 커서가 곧바로 이동하는지 확인하기 위해 **'싱가포르' 앞에 커서를 둔 후** [입력] 탭에서 **[책갈피]를 클릭**합니다.

4 [책갈피] 대화상자가 나타나면 **책갈피 목록(볼거리)을 선택**한 후 **[이동] 단추를 클릭**합니다.

5 책갈피가 넣어져 있는 위치로 커서가 곧바로 이동되는 것을 확인할 수 있습니다.

Chapter 19 – 책갈피 삽입하고 다단 설정하기

02 다단 설정하기

1 다단을 설정하기 위해 **10번째 문단을 블록으로 설정**한 후 [쪽] 탭의 [목록] 단추를 클릭한 다음 [다단 설정]을 클릭합니다.

2 [단 설정] 대화상자가 나타나면 **단 개수(2)를 입력**한 후 [구분선 넣기]를 **선택**한 다음 **구분선 종류, 굵기, 색을 지정**하고 [설정] 단추를 클릭합니다.

3 다음과 같이 다단이 설정됩니다.

HANGUL 2016 연습문제

1 다음과 같이 '활동 및 볼거리' 앞에 책갈피를 삽입한 후 책갈피 위치로 커서가 곧바로 이동되는지 확인해 보세요.

2 다음과 같이 다단을 설정해 보세요.
- 단의 개수 : 3
- 구분선 넣기 : 구분선 종류(···[점선]), 굵기(0.12mm), 색(검정)

Hint
10번째 문단을 블록으로 설정한 후 [쪽] 탭의 [목록] 단추를 클릭한 다음 [다단 설정]을 클릭하면 다단을 설정할 수 있습니다.

메일 머지 사용하기

HANGUL 2016

메일 머지는 초대장이나 안내장 등과 같이 내용은 같지만 받는 사람이 다른 문서를 한번에 작성할 수 있는 기능입니다.
그럼, 메일 머지를 사용하는 방법에 대해 알아보겠습니다.

C:₩단계별학습₩한글 2016₩예제파일₩Ch20.hwp

01 초대장에 메일 머지 표시 달고 메일 머지 자료 만들기

1. 초대장에 메일 머지 표시를 달기 위해 '님과' 앞에 커서를 둔 후 [도구] 탭에서 [메일 머지]-[메일 머지 표시 달기]를 클릭합니다.

'님과' 앞에 커서를 둔 후 [도구] 탭의 ▼[목록] 단추를 클릭한 다음 [메일 머지]-[메일 머지 표시 달기]를 클릭하거나 Ctrl+K,M을 눌러 메일 머지 표시를 달 수도 있습니다.

2 [메일 머지 표시 달기] 대화상자가 나타나면 [필드 만들기] 탭을 클릭한 후 **필드 번호('1')를 입력**한 다음 [넣기] 단추를 클릭합니다.

3 같은 방법으로 **다음과 같이 '어린이를' 앞에 메일 머지 표시를 답니다.**

4 메일 머지 자료를 만들기 위해 [파일] 탭을 클릭한 후 [새 문서]-[새 탭]을 클릭합니다.

Chapter 20 - 메일 머지 사용하기

5 새 문서가 새 문서 탭에 나타나면 **다음과 같이 내용을 입력**합니다.

1줄에는 필드의 개수를 입력합니다.

6 메일 머지 자료를 저장하기 위해 **[파일] 탭을 클릭**한 후 **[저장하기]를 클릭**합니다.

7 [다른 이름으로 저장하기] 대화상자가 나타나면 **저장 위치(내 PC₩문서)를 지정**한 후 **파일 이름(패밀리데이 자료)을 입력**한 다음 **[저장] 단추를 클릭**합니다.

8 메일 머지 자료가 저장됩니다.

02 메일 머지 만들기

1 메일 머지를 만들기 위해 문서 탭에서 **[Ch20] 탭을 선택**한 후 **[도구] 탭**에서 **[메일 머지]-[메일 머지 만들기]를 클릭**합니다.

- 문서 탭이 표시되어 있지 않은 경우에는 [보기] 탭에서 [문서 탭]을 선택합니다.
- [도구] 탭의 [목록] 단추를 클릭한 후 [메일 머지]-[메일 머지 만들기]를 클릭하거나 Alt +M을 눌러 메일 머지를 만들 수도 있습니다.

2 [메일 머지 만들기] 대화상자가 나타나면 **자료 종류(한글 파일)를 선택**한 후 **[파일 선택]을 클릭**합니다.

3 [한글 파일 불러오기] 대화상자가 나타나면 **찾는 위치(내 PC₩문서)를 지정**한 후 **파일(페밀리데이 자료)을 선택**한 다음 **[열기] 단추를 클릭**합니다.

Chapter 20 – 메일 머지 사용하기

4 [메일 머지 만들기] 대화상자가 다시 나타나면 **출력방향(화면)을 선택**한 후 **[확인] 단추를 클릭**합니다.

> 메일 머지 결과를 인쇄하려면 출력 방향을 [프린터]를 선택하면 됩니다.

5 다음과 같이 미리 보기 화면에서 메일 머지 결과를 확인할 수 있습니다.

알고 넘어갑시다!

메일 머지 결과 확인하기

[미리 보기] 탭에서 [다음 쪽]을 클릭하면 다음 쪽을 확인할 수 있습니다. 2쪽을 확인하면 2번째 후원자와 어린이가, 3쪽을 확인하면 3번째 후원자와 어린이가 입력되어 있는 것을 확인할 수 있습니다.

▲ 2쪽

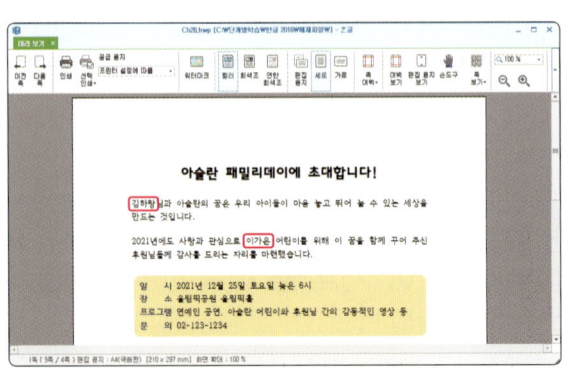

▲ 3쪽

1 다음과 같이 '님,' 앞에 메일 머지 표시를 단 후 메일 머지 자료를 만들어 보세요.
- **저장 위치** : 내 PC₩문서
- **파일 이름** : 초청인

2 다음과 같이 메일 머지를 만든 후 미리 보기 화면에서 메일 머지 결과를 확인해 보세요.

Hint

[메일 머지 만들기] 대화상자에서 출력 방향을 [화면]으로 선택하면 미리 보기 화면에서 메일 머지 결과를 확인할 수 있습니다.

수식 입력하기

수학이나 과학과 관련된 문서를 작성하다 보면 수식을 입력해야 하는 경우가 있습니다. 한글에서는 수식 편집기를 사용하면 수식을 쉽고 빠르게 입력할 수 있습니다.
그럼, 수식을 입력하는 방법에 대해 알아보겠습니다.

C:₩단계별학습₩한글2016₩예제파일₩SP02.hwp

1 수식을 입력하기 위해 **3줄에 커서를 둔 후** [입력] 탭에서 $f\infty$[수식]을 클릭합니다.

[입력] 탭의 ▼[목록] 단추를 클릭한 후 [개체]-[수식]을 클릭하거나 Ctrl+N,M을 눌러 수식을 입력할 수도 있습니다.

2 [수식 편집기] 대화상자가 나타나면 'S'를 입력한 후 [아래 첨자]를 클릭합니다.

3 아래 첨자가 나타나면 'n'을 입력한 후 [다음 항목]을 클릭합니다.

4 '='를 입력한 후 [분수]를 클릭합니다.

Special page

5 분수가 나타나면 '1'을 입력한 후 ▸[다음 항목]을 클릭합니다. 그런다음 '2'를 입력한 후 ▸[다음 항목]을 클릭합니다.

6 'n(a+1)'을 입력한 후 수식을 문서에 넣기 위해 [넣기]를 클릭합니다.

Shift+Esc를 눌러 수식을 문서에 넣을 수도 있습니다.

7 다음과 같이 수식이 입력됩니다.

수식을 더블클릭하면 수식을 수정할 수 있습니다.

실무 Project

- **01** 보고서 표지 만들기 ·· 2
- **02** 서류철 라벨 만들기 ·· 12
- **03** 인사고과규정서 작성하기 ································ 20
- **04** 사내보 만들기 ··· 30
- **05** 광고지 만들기 ··· 40
- **06** 자료 수집하고 정리하기 ·································· 54
- **07** 판매실적현황 차트 작성하기 ··························· 62
- **08** 일정표 만들기 ··· 72

보고서 표지 만들기

HANGUL 2016

보고서 표지는 보고서의 겉장으로 제목, 소속, 작성자 등으로 구성되어 있습니다. 보고서 표지는 복잡하지 않고 간단하게 만드는 것이 좋습니다.
그럼, 글맵시를 이용하여 쪽 배경을 지정하여 보고서 표지를 만드는 방법에 대해 알아보겠습니다.

Preview

C:₩단계별학습₩한글 2016₩프로젝트파일₩보고서 표지.hwp

01 글맵시를 이용하여 보고서 표지 제목 작성하기

1 글맵시를 만들기 위해 **6줄에 커서를 둔 후** [입력] 탭에서 [글맵시]를 클릭한 다음 [채우기 - 연한 자주색 그러데이션, 역위로 계단식 모양]을 클릭합니다.

> 현재 화면은 [보기] 탭에서 [쪽 윤곽]을 선택하여 쪽 윤곽을 보이게 한 화면입니다.

2 [글맵시 만들기] 대화상자가 나타나면 **내용(마케팅 경과 보고서)을 입력**한 후 **글꼴(한컴 윤고딕 250)과 글맵시 모양(■[직사각형])을 선택**한 다음 **[설정] 단추를 클릭**합니다.

3 글맵시가 만들어지면 [글맵시] 탭에서 **[개체 속성]을 클릭**합니다.

4 [개체 속성] 대화상자가 나타나면 [기본] 탭에서 **[글자처럼 취급]을 선택**한 후 **[설정] 단추를 클릭**합니다.

[글자처럼 취급]을 선택하면 글맵시를 하나의 글자처럼 취급합니다.

5 글맵시의 크기를 조정하기 위해 **다음과 같이 글맵시의 크기 조정 핸들(□)을 드래그**합니다.

글맵시의 오른쪽 아래 크기 조정 핸들(□)로 마우스 포인터를 가져가서 마우스 포인터가 ⤡ 모양으로 변경되었을 때 오른쪽 아래로 드래그합니다.

Chapter 01 - 보고서 표지 만들기

6 글맵시의 선 종류를 지정하기 위해 [글맵시] 탭에서 **[선 스타일]을 클릭**한 후 [선 종류]-[선 없음]을 클릭합니다.

7 글맵시를 가운데 정렬하기 위해 **글맵시 뒤에 커서를 둔 후** 서식 도구 상자에서 [가운데 정렬]을 클릭합니다.

8 다음과 같이 글맵시가 가운데 정렬됩니다.

02 보고서 표지 내용에 글자 모양과 문단 모양 지정하기

1 소속과 작성자를 블록으로 설정한 후 서식 도구 상자에서 **글꼴(함초롬돋움)**과 **글자 크기(20)**를 선택한 다음 **가[진하게]**를 클릭합니다. 그런다음 [서식] 탭에서 [문단 모양]을 클릭합니다.

2 [문단 모양] 대화상자가 나타나면 [기본] 탭에서 **왼쪽 여백(300)**을 입력한 후 [설정] 단추를 클릭합니다.

3 '3팀'을 블록으로 설정한 후 [서식] 탭에서 [글자 모양]을 클릭합니다.

4 [글자 모양] 대화상자가 나타나면 [확장] 탭에서 **강조점(ⓘ)을 선택**한 후 [설정] 단추를 **클릭**합니다.

5 '방지형'을 블록으로 설정한 후 서식 도구 상자에서 **글자 색(하늘색(RGB: 97,130,214))을 선택**합니다.

6 소속 뒤에 커서를 둔 후 [서식] 탭에서 [문단 모양]을 클릭합니다.

7 [문단 모양] 대화상자가 나타나면 [기본] 탭에서 **줄 간격(130)을 입력**한 후 [설정] 단추를 클릭합니다.

8 날짜를 블록으로 설정한 후 서식 도구 상자에서 **글꼴(한컴 윤고딕 240), 글자 크기(20), 글자 색(검정(RGB: 0,0,0) 50% 밝게)을 선택**한 후 ≣[가운데 정렬]을 클릭합니다.

9 다음과 같이 글자 모양과 문단 모양이 지정됩니다.

Chapter 01 - 보고서 표지 만들기 **7**

03 보고서 표지에 쪽 배경 지정하기

1 쪽 배경을 지정하기 위해 [쪽] 탭에서 **[쪽 테두리/배경]을 클릭**합니다.

2 [쪽 테두리/배경] 대화상자가 나타나면 [배경] 탭에서 **[색]을 선택**한 후 **면 색(초록(RGB: 40,155,110) 80% 밝게)을 선택**한 다음 **[그림]을 선택**하고 **[그림 선택]을 클릭**합니다.

[그림]을 선택한 적이 없는 경우에는 [그림]을 선택하면 바로 [그림 넣기] 대화상자가 나타납니다.

3 [그림 넣기] 대화상자가 나타나면 **찾는 위치(C:\단계별학습\한글 2016\프로젝트파일)를 지정**한 후 **그림(마케팅)을 선택**합니다. 그런다음 **[문서에 포함]을 선택**한 후 **[넣기] 단추를 클릭**합니다.

4 [쪽 테두리/배경] 대화상자의 [배경] 탭이 다시 나타나면 **채우기 유형(왼쪽 가운데로)과 그림 효과(회색조)를 선택**한 후 **적용 쪽(첫 쪽만)과 채울 영역(쪽)을 선택**한 다음 [설정] 단추를 클릭합니다.

적용 쪽을 '첫 쪽만'으로 선택한 것은 보고서 표지에만 쪽 배경을 지정하기 위해서입니다.

5 쪽 배경이 지정되면 보고서 표지를 확인하기 위해 서식 도구 상자에서 [미리 보기]를 클릭합니다.

6 다음과 같이 보고서 표지를 확인할 수 있습니다.

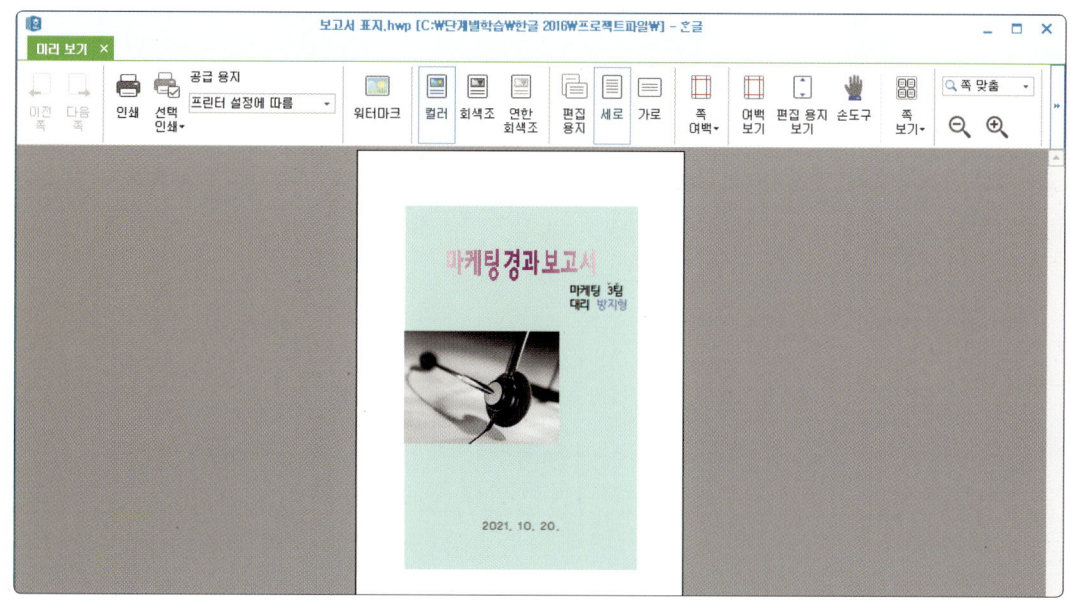

연습문제 HANGUL 2016

C:\단계별학습\한글 2016\프로젝트파일\리포트 표지.hwp

1 다음과 같이 글맵시를 사용하여 리포트 표지 제목을 작성해 보세요.

- **글맵시** : 글맵시 스타일([채우기- 주황색 그러데이션, 역등변사다리꼴 모양]), 글꼴(한컴 쿨재즈 B), 글맵시 모양([직사각형]), 선 종류(선 없음)
- **글맵시 배치** : 글자처럼 취급, [가운데 정렬]

Hint
8줄에 커서를 둔 후 [입력] 탭에서 글맵시를 클릭한 다음 [채우기 - 주황색 그러데이션, 역등변사다리꼴 모양]을 클릭하면 글맵시를 만들 수 있습니다.

2 다음과 같이 학과, 학번, 성명에 글자 모양과 문단 모양을 지정해 보세요.

- **글자 모양** : 글꼴(HY나무B), 글자 크기(16)
- **문단 모양** : 왼쪽 여백(270)
- **홍길동** : 강조점(˜)

연습문제

3 다음과 같이 날짜에 글자 모양과 문단 모양을 지정해 보세요.
- **글자 모양** : 글꼴(맑은 고딕), 글자 크기(16), 글자 색(검정(RGB: 0,0,0) 30% 밝게)
- **문단 모양** : ≡[가운데 정렬]

4 다음과 같이 리포트 표지에 쪽 배경을 지정한 후 미리 보기 화면에서 리포트 표지를 확인해 보세요.
- **채우기** : 면 색(초록(RGB: 40,155,110) 60% 밝게), 그림(찾는 위치(C:₩단계별학습₩한글 2016₩프로젝트파일), 파일 이름(대학교), 문서에 포함, 채우기 유형(오른쪽 가운데로))
- **적용 쪽** : 첫 쪽만
- **채울 영역** : 쪽

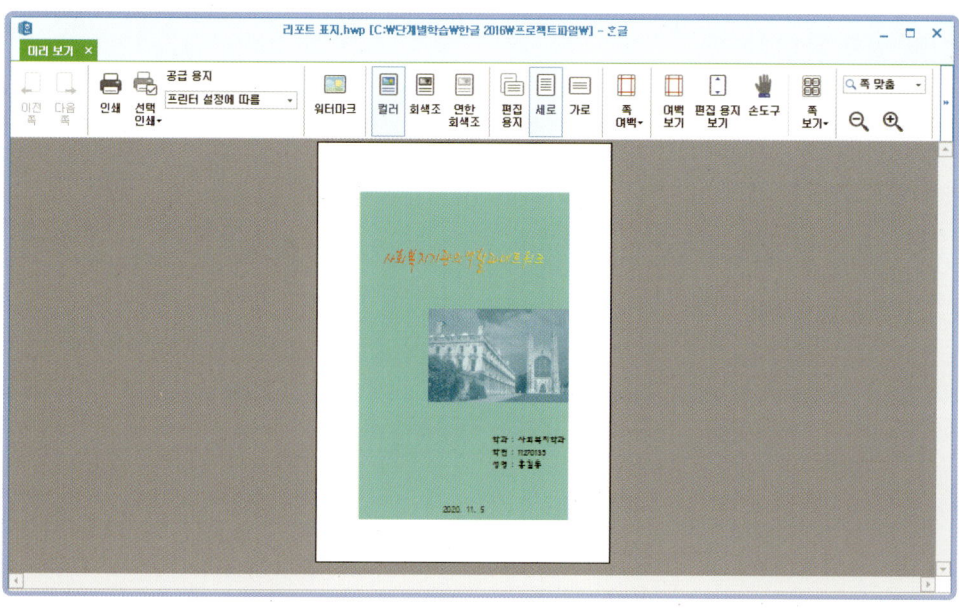

Hint
서식 도구 상자에서 🔲[미리 보기]를 클릭하면 미리 보기 화면에서 리포트 표지를 확인할 수 있습니다.

서류철 라벨 만들기

HANGUL 2016

서류철 라벨은 서류철을 구분하기 위해 파일명, 기관명, 기관코드 등을 기록하여 서류철에 붙이는 것을 말합니다. 한글에서는 라벨 문서 만들기를 사용하면 쉽고 빠르게 서류철 라벨을 만들 수 있습니다. 그럼, 라벨 문서 만들기를 사용하여 서류철 라벨을 만드는 방법에 대해 알아보겠습니다.

Preview

01 라벨 문서 만들고 라벨 내용 입력하기

1 한글 2016을 실행한 후 라벨 문서를 만들기 위해 [쪽] 탭에서 **[라벨]**을 **클릭**한 다음 [라벨 문서 만들기]를 **클릭**합니다.

- 라벨 문서는 시중에서 유통되는 라벨 용지에 맞게 라벨을 인쇄할 수 있도록 한글에서 미리 표로 작성하여 제공하는 문서입니다.
- [쪽] 탭의 ▼[목록] 단추를 클릭한 후 [라벨]-[라벨 문서 만들기]를 클릭하여 라벨 문서를 만들 수도 있습니다.

2 [라벨 문서 만들기] 대화상자가 나타나면 [라벨 문서 꾸러미] 탭에서 **라벨 제조 회사(AnyLabel)를 선택**한 후 **라벨 용지(화일인덱스 라벨(20칸)-V3470)를 선택**한 다음 **[열기] 단추를 클릭**합니다.

라벨 용지를 구비하고 있는 경우에는 구비하고 있는 라벨 용지에 해당하는 라벨 제조 회사와 라벨 용지를 선택합니다.

3 라벨 문서가 만들어지면 **1줄 1칸에 다음과 같이 라벨 내용을 입력**합니다.

Chapter 02 – 서류철 라벨 만들기 **13**

02 라벨 내용에 글자 모양과 문단 모양 지정하기

1 '보호작업장'을 블록으로 설정한 후 서식 도구 상자에서 **글꼴(함초롬돋움), 글자 크기(16), 글자 색(하늘색(RGB: 97,130,214))** 을 선택한 다음 **가[진하게]** 를 클릭합니다. 그런다음 [서식] 탭에서 [문단 모양]을 클릭합니다.

2 [문단 모양] 대화상자가 나타나면 [기본] 탭에서 **왼쪽 여백(30)** 을 입력한 후 [설정] 단추를 클릭합니다.

3 '동문엔터프라이즈'를 블록으로 설정한 후 서식 도구 상자에서 **글꼴(함초롬바탕)과 글자 크기(24)** 를 선택한 다음 **[가운데 정렬]** 을 클릭합니다.

4 '동문'을 블록으로 설정한 후 [서식] 탭에서 [글자 모양]을 클릭합니다.

5 [글자 모양] 대화상자가 나타나면 [기본] 탭에서 가[진하게]를 클릭한 후 글자 색(주황 (RGB: 255,132,58))을 선택한 다음 [확장] 탭을 클릭합니다. 그런다음 [글자 모양] 대화상자의 [확장] 탭이 나타나면 강조점(⦁)을 선택한 후 [설정] 단추를 클릭합니다.

6 다음과 같이 글자 모양과 문단 모양이 지정됩니다.

Chapter 02 - 서류철 라벨 만들기 **15**

03 라벨 내용을 모든 셀에 자동으로 넣고 셀 속성 지정하기

1 라벨 내용을 모든 셀에 자동으로 넣기 위해 **표 전체를 셀 블록으로 설정**한 후 [표] 탭에서 **[채우기]를 클릭**합니다.

- 표 자동 채우기는 표에 같은 내용이나 일정한 간격으로 증가 또는 감소하는 내용을 자동으로 넣을 수 있는 기능입니다.
- 표 전체를 셀 블록으로 설정한 후 [입력] 탭의 [목록] 단추를 클릭한 다음 [채우기]-[표 자동 채우기]를 클릭하거나 A를 눌러 라벨 내용을 모든 셀에 자동으로 넣을 수도 있습니다.

2 라벨 내용을 세로 방향으로 셀의 가운데에 표시하기 위해 **표 전체를 셀 블록으로 설정**한 후 [표] 탭에서 **[내용 정렬]을 클릭**한 다음 [세로 정렬]-**[세로 가운데 정렬]을 클릭**합니다.

3 다음과 같이 라벨 내용이 세로 방향으로 셀의 가운데에 표시됩니다.

04 라벨 문서 인쇄하기

1 라벨 문서가 인쇄되는 모양을 확인하기 위해 서식 도구 상자에서 [미리 보기]를 클릭합니다.

2 미리 보기 화면이 나타나면 **라벨 문서가 인쇄되는 모양을 확인**한 후 라벨 문서를 인쇄하기 위해 [미리 보기] 탭에서 **[인쇄]를 클릭**합니다.

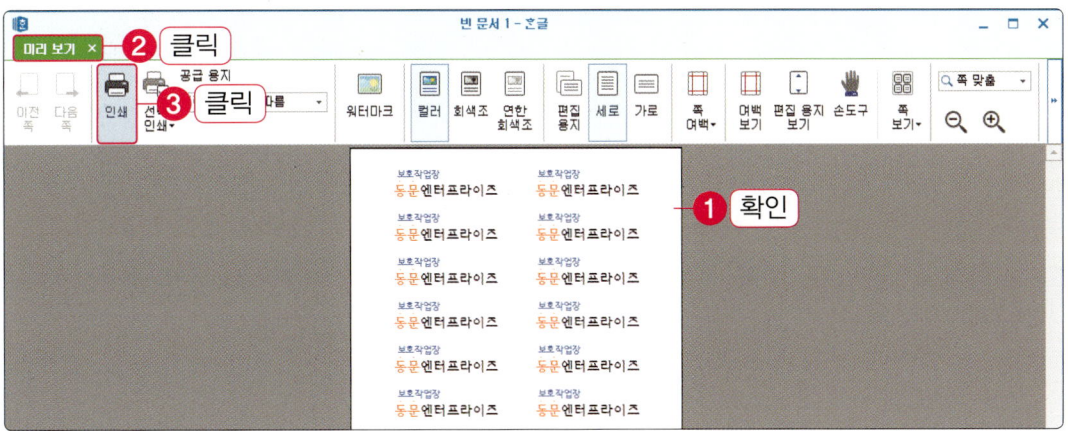

3 [인쇄] 대화상자가 나타나면 [기본] 탭에서 **인쇄 범위(문서 전체), 인쇄 매수(1), 인쇄 방식(기본 인쇄(자동 인쇄))을 지정**한 후 [인쇄] 단추를 클릭합니다.

4 라벨 문서가 인쇄됩니다.

> 일반 용지에 라벨 문서를 인쇄하면 라벨을 가위로 자른 다음 라벨 뒷면에 풀칠을 하여 서류철에 붙여야 하지만 라벨 용지에 라벨 문서를 인쇄하면 바로 라벨을 떼어 서류철에 붙일 수 있습니다.

Chapter 02 – 서류철 라벨 만들기

연습문제

HANGUL 2016

1 다음과 같이 라벨 문서를 만든 후 라벨 내용을 입력해 보세요.

- **라벨 제조 회사** : AnyLabel
- **라벨 용지** : 우편발송 라벨(6칸)-V3160

> **Hint**
> [도구] 탭에서 [라벨]을 클릭한 후 [라벨 문서 만들기]를 클릭하면 라벨 문서를 만들 수 있습니다.

2 다음과 같이 라벨 내용에 글자 모양과 문단 모양을 지정해 보세요.

- **루원총연합회** : 글꼴(한컴 윤체 L), 글자 크기(24), 글자 색(남색(RGB: 58,60,132)), **가**[진하게], [기울임]
- **Tel/Fax** : 글꼴(함초롬돋움), 글자 크기(12), 글자 색(초록(RGB: 40,155,110)), **가**[진하게]
- **우편번호/주소/전화번호/팩스번호** : 글꼴(맑은 고딕), 글자 크기(12)
- **라벨 내용 전체** : 왼쪽 여백(10)

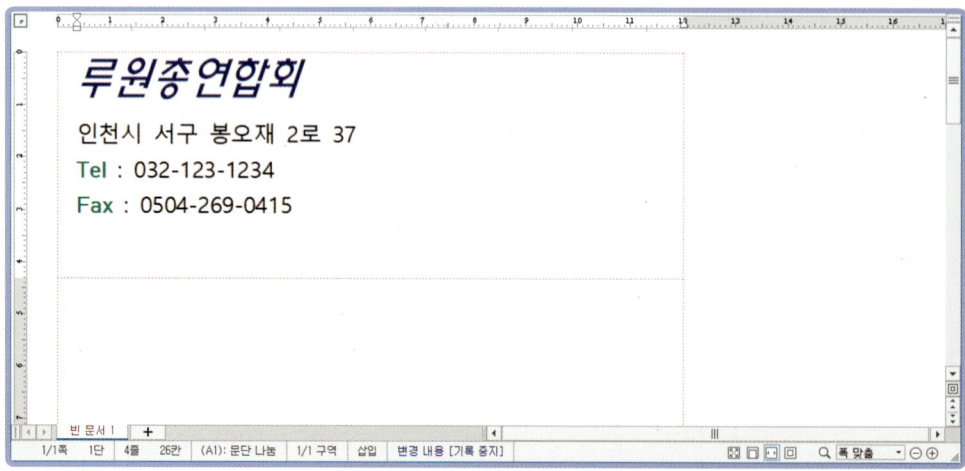

3 다음과 같이 라벨 내용을 모든 셀에 자동으로 넣은 후 라벨 내용을 세로 방향으로 셀의 가운데에 표시해 보세요.

> Hint
>
> 표 전체를 셀 블록으로 설정한 후 [표] 탭에서 [내용 정렬]을 클릭한 다음 [세로 정렬]-[세로 가운데 정렬]을 클릭하면 라벨 내용을 세로 방향으로 셀의 가운데에 표시할 수 있습니다.

4 다음과 같이 라벨 문서가 인쇄되는 모양을 확인한 후 라벨 문서를 인쇄해 보세요.

Chapter 02 – 서류철 라벨 만들기

인사고과규정서 작성하기

HANGUL 2016

관리자가 인사관리의 합리화, 능률화, 공정화 등을 기하기 위해 직원의 업무실적, 수행능력, 근무태도 등을 평가하는 것을 '인사고과'라고 합니다. 인사고과규정서는 이런 인사고과에 관한 규칙을 기록해 놓은 문서를 말합니다. 그럼, 스타일을 만들어 적용하고 머리말을 삽입하여 인사고과규정서를 작성하는 방법에 대해 알아보겠습니다.

Preview

C:\단계별학습\한글 2016\프로젝트파일\인사고과규정서.hwp

01 인사고과규정서에 적용할 스타일 만들기

1 스타일을 만들기 위해 **3줄**에 커서를 둔 후 **[서식]** 탭의 ▼**[목록]** 단추를 클릭한 다음 **[스타일]**을 클릭합니다.

현재 화면은 [보기] 탭에서 [쪽 윤곽]을 선택하여 쪽 윤곽을 보이게 한 화면입니다.

2 [스타일] 대화상자가 나타나면 '그룹-1' 스타일을 추가하기 위해 ➕[스타일 추가하기]를 클릭합니다.

3 [스타일 추가하기] 대화상자가 나타나면 **스타일 이름(그룹-1)을 입력**한 후 **스타일 종류(문단)를 선택**한 다음 [문단 모양] 단추를 클릭합니다.

4 [문단 모양] 대화상자가 나타나면 [기본] 탭에서 **문단 위(5)를 입력**한 후 [설정] 단추를 클릭합니다.

5 [스타일 추가하기] 대화상자가 다시 나타나면 [글자 모양] 단추를 클릭합니다.

Chapter 03 - 인사고과규정서 작성하기

6 [글자 모양] 대화상자가 나타나면 [기본] 탭에서 **기준 크기(12), 글꼴(맑은 고딕), 장평(95), 자간(-3)을 지정**한 후 **[진하게]를 선택**한 다음 **[설정] 단추를 클릭**합니다.

7 [스타일 추가하기] 대화상자가 다시 나타나면 **[추가] 단추를 클릭**합니다.

8 [스타일] 대화상자가 다시 나타나면 '그룹-2' 스타일을 추가하기 위해 **[스타일 추가하기]를 클릭**합니다.

9 [스타일 추가하기] 대화상자가 나타나면 **스타일 이름(그룹-2)을 입력**한 후 **스타일 종류(문단)를 선택**한 다음 **[문단 모양] 단추를 클릭**합니다.

10 [문단 모양] 대화상자가 나타나면 [기본] 탭에서 **왼쪽 여백(25)을 입력**한 후 **[설정] 단추를 클릭**합니다.

11 [스타일 추가하기] 대화상자가 다시 나타나면 **[글자 모양] 단추를 클릭**합니다.

12 [글자 모양] 대화상자가 나타나면 [기본] 탭에서 **기준 크기(11), 글꼴(함초롬바탕), 장평(95), 자간(-3)을 지정**한 후 **[설정] 단추를 클릭**합니다.

13 [스타일 추가하기] 대화상자가 다시 나타나면 **[추가] 단추를 클릭**합니다.

Chapter 03 – 인사고과규정서 작성하기

14 [스타일] 대화상자가 다시 나타나면 '그룹-1' 스타일을 한 칸 위로 이동하기 위해 스타일 목록에서 **[그룹-1]을 클릭**한 후 ↑**[한 칸 위로 이동하기] 단추를 클릭**합니다.

15 '그룹-1' 스타일이 한 칸 위로 이동되면 **[취소] 단추를 클릭**합니다.

- '그룹-1' 스타일에는 바로 가기 키로 Ctrl+2, '그룹-2' 스타일에는 바로 가기 키로 Ctrl+3 이 배정되어 있습니다. 즉, 문단을 블록으로 설정한 후 Ctrl+2를 누르면 블록으로 설정한 문단에 '그룹-1' 스타일이 적용되고, Ctrl+3을 누르면 블록으로 설정한 문단에 '그룹-2' 스타일이 적용됩니다.
- [설정] 단추를 클릭하면 현재 커서를 둔 문단에 '그룹-1' 스타일이 적용됩니다. 현재 커서를 둔 문단에 '그룹-1' 스타일을 적용하지 않기 위해 [취소] 단추를 클릭한 것입니다.

02 인사고과규정서에 스타일 적용하기

1 '그룹-1' 스타일을 적용하기 위해 '제1조【목 적】' 앞에 커서를 둔 후 Ctrl+2를 누릅니다.

2 '그룹-2' 스타일을 적용하기 위해 '제1조【목 적】'의 내용을 블록으로 설정한 후 Ctrl+3을 누릅니다.

3 같은 방법으로 다음과 같이 '제2조【고과의 원칙】', '제3조【고과자】', …에 '그룹-1' 스타일을 적용하고 '제2조【고과의 원칙】', '제3조【고과자】', …의 내용에 '그룹-2' 스타일을 적용합니다.

03 인사고과규정서에 쪽 번호 매기기

1 쪽 번호를 매기기 위해 [쪽] 탭에서 [**쪽 번호 매기기**]를 클릭합니다.

> 현재 화면은 [보기] 탭에서 [쪽 윤곽]을 선택하여 쪽 윤곽을 보이게 한 화면입니다.

2 [쪽 번호 매기기] 대화상자가 나타나면 **번호 위치(가운데 아래)를 선택**한 후 **번호 모양(1,2,3)과 [줄표 넣기]를 선택**한 다음 [**넣기**] 단추를 클릭합니다.

3 다음과 같이 쪽 번호가 매겨집니다.

> 세로 이동 막대를 아래쪽으로 드래그하면 쪽 번호가 매겨진 것을 확인할 수 있습니다.

04 인사고과규정서에 머리말 삽입하기

1 머리말을 삽입하기 위해 [쪽] 탭에서 **[머리말]**을 **클릭**한 후 **[양 쪽]**을 **클릭**한 다음 **[모양 없음]**을 **클릭**합니다.

2 머리말 입력 화면이 나타나면 **머리말(아슬란 주식회사)을 입력**한 후 **블록으로 설정**한 다음 [서식] 도구 상자에서 가**[진하게]**를 클릭합니다. 그런다음 머리말 입력 화면을 닫기 위해 [머리말/꼬리말] 탭에서 **[머리말/꼬리말 닫기]**를 클릭합니다.

3 다음과 같이 머리말이 삽입됩니다.

연습문제 HANGUL 2016

C:₩단계별학습₩한글 2016₩프로젝트파일₩특약판매계약서.hwp

1 다음과 같이 특약판매계약서에 적용할 스타일을 만들어 보세요.

- **'특약판매계약서-1' 스타일** : 스타일 종류(문단), 문단 모양(문단 위(10)), 글자 모양(기준 크기(12), 글꼴(맑은 고딕), 장평(90), 자간(-3))
- **'특약판매계약서-2' 스타일** : 스타일 종류(문단), 문단 모양(왼쪽 여백(20)), 글자 모양(기준 크기(11), 글꼴(함초롬바탕), 장평(90), 자간(-3))

Hint
8줄에 커서를 둔 후 [서식] 탭의 ▼[목록] 단추를 클릭한 다음 [스타일]을 클릭하면 특약판매계약서에 적용할 스타일을 만들 수 있습니다.

2 다음과 같이 특약판매계약서에 스타일을 적용해 보세요.

- **'제1조【제품】', '제2조【판매가격】', …** : '특약판매계약서-1' 스타일
- **'제1조【제품】', '제2조【판매가격】', …의 내용** : '특약판매계약서-2' 스타일

3 다음과 같이 특약판매계약서에 쪽 번호를 매겨 보세요.

- **쪽 번호 매기기** : 번호 위치(가운데 위), 번호 모양(1,2,3), [줄표 넣기] 선택 해제

4 다음과 같이 특약판매계약서에 머리말을 삽입해 보세요.

- **위치** : 양쪽
- **머리말/꼬리말마당** : 모양 없음

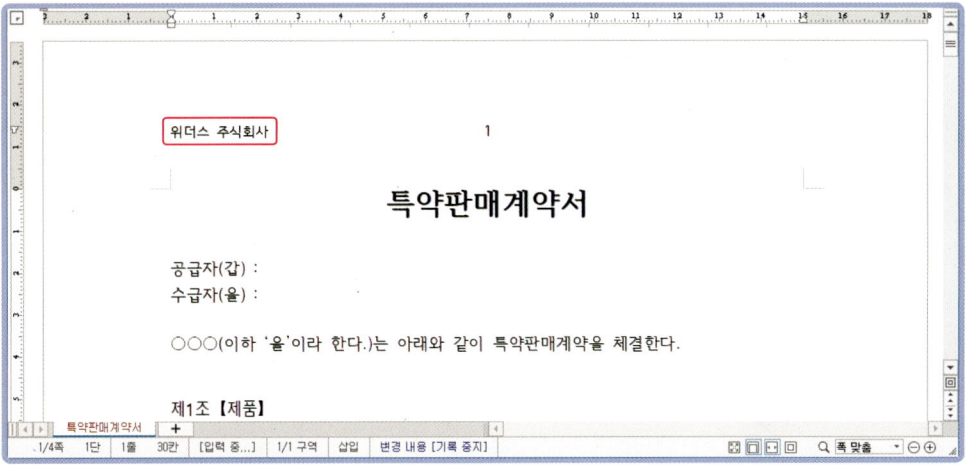

> **Hint**
> [쪽] 탭에서 [머리말]을 클릭한 후 [양 쪽]을 클릭한 다음 [모양 없음]을 클릭하면 특약판매계약서에 머리말을 삽입할 수 있습니다.

사내보 만들기

HANGUL 2016

사내보는 사내의 의사소통을 원활하게 하고 일체감을 높이는 동시에 회사의 활동 사항을 알리기 위해 정기적 또는 부정기적으로 발행하는 간행물을 말합니다. 그럼, 다단을 설정하고 그림을 삽입하여 사내보를 만드는 방법에 대해 알아보겠습니다.

Preview

C:₩단계별학습₩한글 2016₩프로젝트파일₩사내보.hwp

01 편집 용지 설정하고 기사 제목에 글자 모양 지정하기

1 편집 용지를 설정하기 위해 [쪽] 탭에서 [편집 용지]를 클릭합니다.

2. [편집 용지] 대화상자가 나타나면 [기본] 탭에서 **용지 종류(A4(국배판) [210 x 297 mm])**, **용지 방향(세로)**, **제본(한쪽)**을 선택한 후 **왼쪽/오른쪽 용지 여백(30)**, **위쪽/아래쪽 용지 여백(20)**, **머리말/꼬리말 용지 여백(10)**, **제본 용지 여백(10)**을 입력한 다음 [설정] 단추를 클릭합니다.

3. 편집 용지가 설정되면 **기사 제목을 블록으로 설정**한 후 서식 도구 상자에서 **글꼴(함초롬돋움)**과 **글자 크기(16)**를 선택한 다음 가[진하게]를 클릭합니다.

4. 다음과 같이 기사 제목에 글자 모양이 지정됩니다.

02 기사 내용을 다단 설정하고 문단 첫 글자 장식하기

1 다단을 설정하기 위해 **기사 내용을 블록으로 설정**한 후 [쪽] 탭의 [목록] 단추를 클릭한 다음 [다단 설정]을 클릭합니다.

2 [단 설정] 대화상자가 나타나면 **단 개수(2)를 입력**한 후 [구분선 넣기]를 선택한 다음 구분선 종류(─[실선]), 굵기(0.12mm), 색(검정)을 선택하고 [설정] 단추를 클릭합니다.

3 다단이 설정되면 문단 첫 글자를 장식하기 위해 '마데전자는' 앞에 커서를 둔 후 [서식] 탭에서 [문단 첫 글자 장식]을 클릭합니다.

4 [문단 첫 글자 장식] 대화상자가 나타나면 **모양**(■[2줄])을 **선택**한 후 **글꼴**(한컴 윤고딕 250), **면 색**(하늘색(RGB: 97,130,214)), **본문과의 간격**(2)을 **지정**한 다음 [설정] 단추를 **클릭**합니다.

5 문단 첫 글자가 장식되면 **문단 첫 글자를 블록으로 설정**한 후 서식 도구 상자에서 **가**[진하게]를 **클릭**한 다음 **글자 색**(하양(RGB: 255,255,255))을 **선택**합니다.

6 다음과 같이 문단 첫 글자에 글자 모양이 지정됩니다.

Chapter 04 - 사내보 만들기 **33**

03 기사 내용에 그림 삽입하고 그림의 속성 지정하기

1. 그림을 삽입하기 위해 '**오정훈**' 뒤에 커서를 둔 후 [입력] 탭에서 [그림]을 클릭합니다.

2. [그림 넣기] 대화상자가 나타나면 **찾는 위치**(C:₩단계별학습₩한글 2016₩프로젝트파일)를 **지정**한 후 **그림**(**기자**)**을 선택**한 다음 [**문서에 포함**]**을 선택**하고 [**넣기**] 단추를 **클릭**합니다.

[글자처럼 취급]과 [마우스로 크기 지정]은 선택 해제합니다.

3. 그림이 삽입되면 그림의 속성을 지정하기 위해 **그림을 선택**한 후 [그림] 탭에서 [**개체 속성**]을 클릭합니다.

4 [개체 속성] 대화상자가 나타나면 [여백/캡션] 탭에서 **왼쪽 바깥 여백(2)을 입력**한 후 [그림] 탭을 클릭합니다. 그런다음 [개체 속성] 대화상자의 [그림] 탭이 나타나면 **그림 효과(회색조)를 선택**한 후 **[설정] 단추를 클릭**합니다.

5 다음과 같이 그림의 속성이 지정됩니다.

Chapter 04 – 사내보 만들기 35

04 다단 설정하고 회사 소식 작성하기

1 다단 설정 나누기를 하기 위해 **마지막 줄에 커서를 둔 후 [쪽] 탭의 ▼[목록] 단추를 클릭**한 다음 **[다단 설정 나누기]를 클릭**합니다.

> 다단 설정 나누기는 앞단과 관계없이 단의 개수를 지정할 때 사용하는 기능입니다. 다단 설정 나누기를 사용하면 한 쪽 안에서 단의 개수를 몇 번이고 다르게 지정할 수 있습니다.

2 다단 설정이 나누어지면 다단을 설정하기 위해 **[쪽] 탭의 ▼[목록] 단추를 클릭**한 후 **[다단 설정]을 클릭**합니다.

> 다단 설정이 나누어지면 강제로 줄이 바뀌어져 커서가 다음 줄로 이동됩니다.

3 [단 설정] 대화상자가 나타나면 **단 개수(3)를 입력**한 후 **[구분선 넣기]를 선택**한 다음 **구분선 종류(····[점선]), 굵기(0.12mm), 색(검정)을 선택**하고 **[설정] 단추를 클릭**합니다.

4 다단이 설정되면 **1단에 다음과 같이 회사 소식을 입력**한 후 단 나누기를 하기 위해 [쪽] 탭의 ▼[목록] 단추를 클릭한 다음 [단 나누기]를 클릭합니다.

단 나누기는 강제로 단을 바꿀 때 사용하는 기능입니다.

5 단이 나누어지면 같은 방법으로 **다음과 같이 나머지 회사 소식을 입력**한 후 **회사 소식 제목에 글자 모양을 지정**합니다.

• 회사 소식 제목 : 글꼴(함초롬돋움), 글자 크기(11), [진하게]

단이 나누어지면 강제로 단이 바꾸어져 커서가 다음 단으로 이동됩니다.

연습문제 HANGUL 2016

C:₩단계별학습₩한글 2016₩프로젝트파일₩사외보.hwp

1 다음과 같이 편집 용지를 설정한 후 기사 제목에 글자 모양을 지정해 보세요.

- **편집 용지 설정** : 용지 종류(A4(국배판) [210 x 297 mm]), 용지 방향(세로), 제본(한쪽), 왼쪽/오른쪽 용지 여백(35), 위쪽/아래쪽 용지 여백(20), 머리말/꼬리말 용지 여백(15), 제본 용지 여백(15)
- **해외 명소** : 글꼴(함초롬바탕), 글자 크기(16), **가**[진하게]

2 다음과 같이 기사 내용을 다단 설정한 후 문단 첫 글자를 장식해 보세요.

- **다단 설정** : 단의 개수(2), 구분선 넣기(구분선 종류(⋯⋯)[점선]), 굵기(0.12mm), 색(검정(RGB: 0,0,0))
- **문단 첫 글자 장식** : 모양(▤[2줄]), 글꼴(한컴 윤고딕 230), 면 색(주황(RGB: 255,132,58)), 본문과의 간격(3)

연습문제

3 다음과 같이 기사 내용에 그림을 삽입해 보세요.

- **그림 넣기** : 찾는 위치(C:₩단계별학습₩한글 2016₩프로젝트파일), 파일 이름(아테네학당), 문서에 포함, 글자처럼 취급

4 다음과 같이 다단을 설정한 후 추천영화를 작성해 보세요.

- **다단 설정** : 단의 개수(2), 구분선 넣기(구분선 종류(····[점선]), 굵기(0.12mm), 색(검정(RGB: 0,0,0))
- **추천영화 하나** : 글자 크기(11), 글자 색(보라(RGB: 157,92,187)), **가**[진하게]
- **추천영화 둘** : 글자 크기(11), 글자 색(하늘색(RGB: 97,130,214)), **가**[진하게]
- **할머니는 일학년/걸어도 걸어도** : 글꼴(함초롬돋움), 글자 색(초록(RGB: 40, 155,110)), **가**[진하게]
- **개요/감독/출연/개봉** : **가**[진하게]

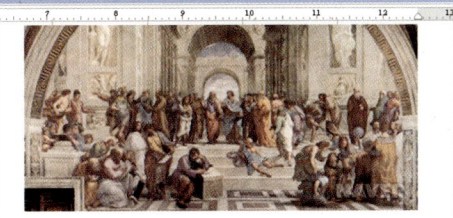

Chapter 04 - 사내보 만들기 39

실무 Project
Chapter 05

광고지 만들기

HANGUL 2016

광고지는 광고하는 내용이나 그림 등이 실려 있는 종이를 말합니다. 광고지는 복잡하지 않고 광고하는 내용이 눈에 띄게 만드는 것이 좋습니다.
그럼, 글상자와 도형을 사용하여 광고지를 만드는 방법에 대해 알아보겠습니다.

Preview

C:₩단계별학습₩한글 2016₩프로젝트파일₩광고지.hwp

01 글상자 사용하여 영문 시설명 작성하기

1 글상자를 삽입하기 위해 [입력] 탭에서 [가로 글상자]를 클릭합니다.

2 마우스 포인터가 + 모양으로 변경되면 **다음과 같이 드래그하여 글상자를 삽입**합니다.

3 글상자가 삽입되면 [도형] 탭에서 **[글자처럼 취급]을 선택**합니다.

[글자처럼 취급]을 선택하면 글상자를 하나의 글자처럼 취급합니다.

4 글상자에 다음과 같이 영문 시설명을 입력한 후 블록으로 설정한 다음 서식 도구 상자에서 **글꼴(한컴 윤체 L)과 글자 크기(20)를 선택**하고 [오른쪽 정렬]을 클릭합니다.

5 'D'를 블록으로 설정한 후 서식 도구 상자에서 **가**[진하게]를 클릭한 다음 **글자 색(주황 (RGB: 255,132,58))**을 선택합니다.

6 'E'를 블록으로 설정한 후 서식 도구 상자에서 **가**[진하게]를 클릭한 다음 **글자 색(하늘색 (RGB: 97,130,214))**을 선택합니다.

7 'Dongmun' 뒤에 커서를 둔 후 [서식] 탭에서 [문단 모양]을 클릭합니다.

8 [문단 모양] 대화상자가 나타나면 [기본] 탭에서 **줄 간격(130)을 입력**한 후 [설정] 단추를 클릭합니다.

9 글상자의 속성을 지정하기 위해 글상자를 선택한 후 [도형] 탭에서 **[개체 속성]을** 클릭합니다.

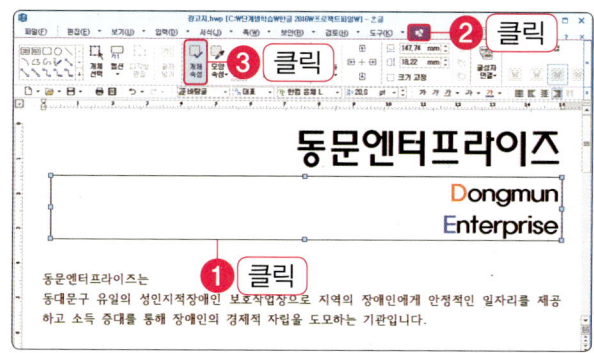

10 [개체 속성] 대화상자가 나타나면 [선] 탭에서 **색(초록(RGB: 40,155,110))을 선택**한 후 **사각형 모서리 곡률(둥근 모양)을 선택**한 다음 [설정] 단추를 클릭합니다.

11 다음과 같이 글상자의 속성이 지정됩니다.

Chapter 05 – 광고지 만들기 **43**

02 시설 소개에 글자 모양과 문단 모양 지정하기

1 시설 소개를 블록으로 설정한 후 서식 도구 상자에서 [오른쪽 정렬]을 클릭합니다.

2 '동문엔터프라이즈는'을 블록으로 설정한 후 서식 도구 상자에서 **글꼴(한컴 윤체 L)**과 글자 **크기(14)를 선택**한 다음 **글자 색(하늘색**(RGB: 97,130,214))을 선택합니다.

3 다음과 같이 시설 소개에 글자 모양과 문단 모양이 지정됩니다.

03 도형을 사용하여 사업 내용 작성하기

1 도형을 삽입하기 위해 [입력] 탭에서 ○[타원]을 클릭합니다.

2 마우스 포인터가 + 모양으로 변경되면 다음과 같이 Shift를 누른 상태에서 드래그하여 도형을 삽입합니다.

3 도형의 속성을 지정하기 위해 [도형] 탭에서 [개체 속성]을 클릭합니다.

Chapter 05 - 광고지 만들기

4 [개체 속성] 대화상자가 나타나면 [기본] 탭에서 **너비(50)와 높이(50)를 입력**한 후 **[선] 탭을 클릭**합니다.

5 [개체 속성] 대화상자의 [선] 탭이 나타나면 **선 종류(선 없음)를 선택**한 후 **[채우기] 탭을 클릭**합니다.

6 [개체 속성] 대화상자의 [채우기] 탭이 나타나면 **[색]을 선택**한 후 **면 색(주황(RGB: 255,132,58))을 선택**한 다음 **[그림자] 탭을 클릭**합니다.

7 [개체 속성] 대화상자의 [그림자] 탭이 나타나면 **종류**(▣[**왼쪽 위**])를 **선택**한 후 **그림자 색(주황(RGB: 255,132,58) 30% 어둡게)**을 **선택**한 다음 [**설정**] 단추를 **클릭**합니다.

8 도형에 사업 내용을 입력하기 [도형] 탭에서 [**글자 넣기**]를 **클릭**합니다.

9 도형에 '보호고용사업'을 **입력**한 후 **블록으로 설정**합니다. 그런다음 서식 도구 상자에서 **글꼴(양재둘기체M), 글자 크기(20), 글자 색(하양(RGB: 255,255,255))**을 **선택**한 후 **가**[**진하게**]를 **클릭**한 다음 **≡**[**가운데 정렬**]을 **클릭**합니다.

Chapter 05 – 광고지 만들기 **47**

10 도형을 복사하기 위해 **도형을 선택**한 후 다음과 같이 Ctrl을 누른 상태에서 도형을 드래그합니다.

11 도형이 복사되면 **다음과 같이 복사한 도형의 속성을 지정**한 후 **사업 내용을 수정**합니다.

> 도형의 속성 : 채우기(면 색(초록(RGB: 40,155,110))), 그림자(종류([오른쪽 아래]), 그림자 색(초록(RGB: 40,155,110) 30% 어둡게))

12 같은 방법으로 **다음과 같이 도형을 두 개 더 복사**한 후 **복사한 도형의 속성을 지정**한 다음 **사업 내용을 수정**합니다.

> 도형의 속성
> ❶ 채우기(면 색(남색(RGB: 58,60,132))), 그림자(종류(■[오른쪽 위]), 그림자 색(남색(RGB: 58,60,132) 30% 어둡게))
> ❷ 채우기(면 색(노랑(RGB: 255,215,0))), 그림자(종류(■[왼쪽 아래]), 그림자 색(노랑(RGB: 255,215,0) 30% 어둡게))

04 시설 마스코트 삽입하고 밝기 조정하기

1 시설 마스코트를 삽입하기 위해 [입력] 탭에서 [그림]을 클릭합니다.

2 [그림 넣기] 대화상자가 나타나면 **찾는 위치(C:₩단계별학습₩한글 2016₩프로젝트파일)를 지정**한 후 **그림(동삼이)을 선택**한 다음 **[문서에 포함]을 선택**하고 **[넣기] 단추를 클릭**합니다.

[글자처럼 취급]과 [마우스로 크기 지정]은 선택 해제합니다.

3 시설 마스코트가 삽입되면 **다음과 같이 드래그하여 시설 마스코트를 이동**시킵니다.

4 시설 마스코트의 밝기를 조정하기 위해 [그림] 탭에서 **[밝기]**를 클릭한 후 ☀[+5%]를 클릭합니다.

5 다음과 같이 시설 마스코트의 밝기가 조정됩니다.

05 광고지를 PDF로 저장하기

1 광고지를 PDF로 저장하기 위해 [**파일**] **탭을 클릭**한 후 [**PDF로 저장하기**]를 **클릭**합니다.

> PDF는 문서 파일의 한 형태로 화면으로 보거나 다른 사람과 주고받기에 적합하게 만들어진 포맷입니다. PDF는 화면에 보이는 그대로 인쇄할 수 있으므로 출판에도 적합합니다.

2 [PDF로 저장하기] 대화상자가 나타나면 **저장 위치(내 PC\문서)를 지정**한 후 **파일 이름(광고지)을 입력**한 다음 [**저장**] **단추를 클릭**합니다.

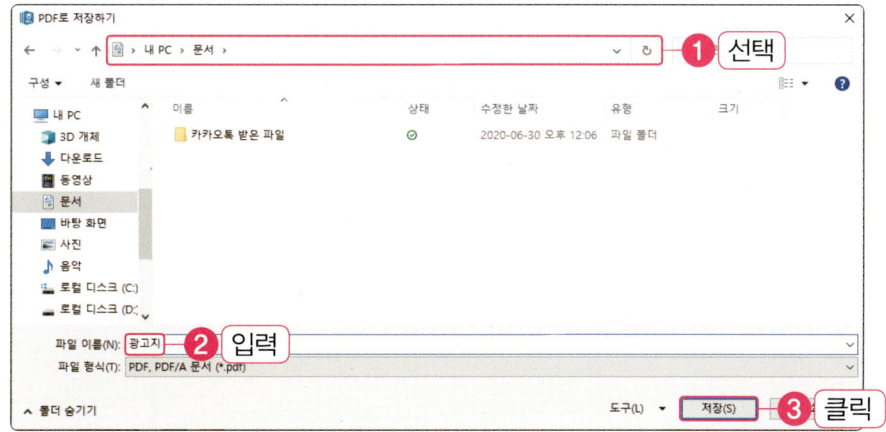

3 Windows **탐색기를 실행**한 후 [폴더] 창에서 '내 PC\문서' **폴더를 선택**하면 다음과 같이 광고지가 PDF로 저장되어 있는 것을 확인할 수 있습니다.

연습문제 HANGUL 2016

C:₩단계별학습₩한글 2016₩프로젝트파일₩파리여행 광고지.hwp

1 다음과 같이 글상자를 사용하여 여행사명을 작성해 보세요.

- **글상자** : [세로 글상자]
- **글상자 배치** : 글자처럼 취급
- **글상자의 속성** : 너비(15), 높이(100), 선(색(하양(RGB: 255,255,255))), 채우기 (면 색(하늘색(RGB: 97,130,214)))
- **여행사명** : 글꼴(한컴 쿨재즈 B), 글자 크기(32), 글자 색(하양(RGB: 255,255,255))

> **Hint**
> [입력] 탭에서 [세로 글상자]를 클릭하면 글상자를 사용하여 여행사명을 작성할 수 있습니다.

2 다음과 같이 여행사 소개에 글자 모양과 문단 모양을 지정해 보세요.

- **여행사 소개 전체** : [오른쪽 정렬]
- **위더스투어는** : 글꼴(함초롬돋움), 글자 크기(12), 가[진하게]

3 다음과 같이 도형을 사용하여 상품 내용을 작성해 보세요.

- **도형** : ○[타원]
- **도형의 속성** : 너비(70), 높이(70), 선(선 종류(선 없음)), 채우기(면 색(주황(RGB: 255,132,58) 30% 어둡게)), 그림자(종류([오른쪽 아래]), 그림자 색(주황(RGB: 255,132,58) 70% 어둡게))
- **상품 내용 전체** : 글꼴(한컴 윤체 M), ▤[가운데 정렬]
- **파리여행 6일/매주 금요일 출발** : 글자 크기(20), 글자 색(주황(RGB: 255,132,58) 60% 밝게)
- **1,540,000원** : 글자 크기(32), 글자 색(하양)

4 다음과 같이 그림을 삽입한 후 파리여행 광고지를 PDF로 저장해 보세요.

- **그림 넣기** : 찾는 위치(C:₩단계별학습₩한글 2016₩프로젝트파일), 파일 이름(파리), 문서에 포함
- **그림 배치** : ▤[글 뒤로]
- **PDF로 저장** : 저장 위치(내 PC₩문서), 파일 이름(파리여행 광고지)

자료 수집하고 정리하기

HANGUL 2016

인터넷에는 문서를 작성할 때 활용할 수 있는 자료가 많이 있습니다. 평상시 이런 자료를 수집하고 정리해 두면 문서를 효율적으로 작성할 수 있습니다. 그림, 인터넷에 있는 자료를 수집하고 정리하는 방법에 대해 알아보겠습니다.

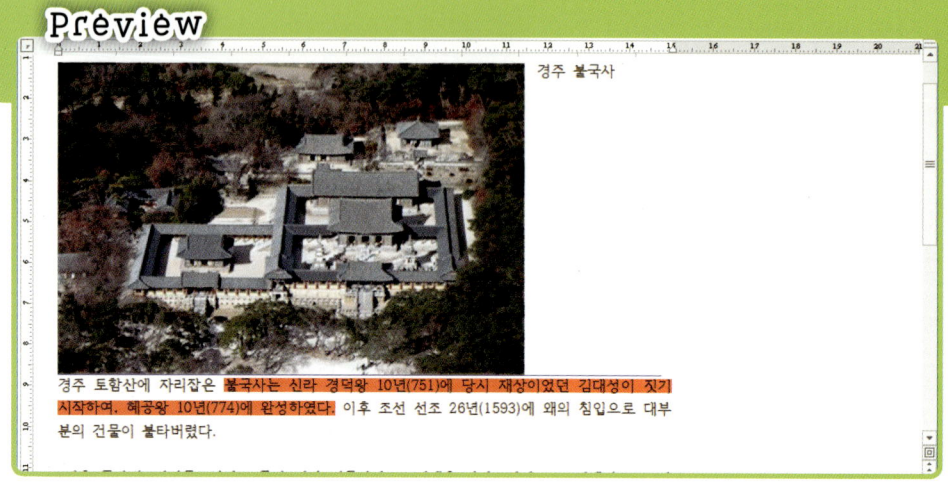

C:₩단계별학습₩한글 2016₩불국사.hwp

01 그림 수집하고 정리하기

1. 인터넷 익스플로러를 실행한 후 문화재청 사이트(www.cha.go.kr)에 접속합니다.

2. 문화재청 홈 페이지가 나타나면 검색어 입력란에 '불국사'를 입력한 후 🔍 단추를 클릭합니다.

3 '불국사'에 대한 검색 결과가 나타나면 [국가문화유산포털]에서 **[3. 경주 불국사 慶州 佛國寺]를 클릭**합니다.

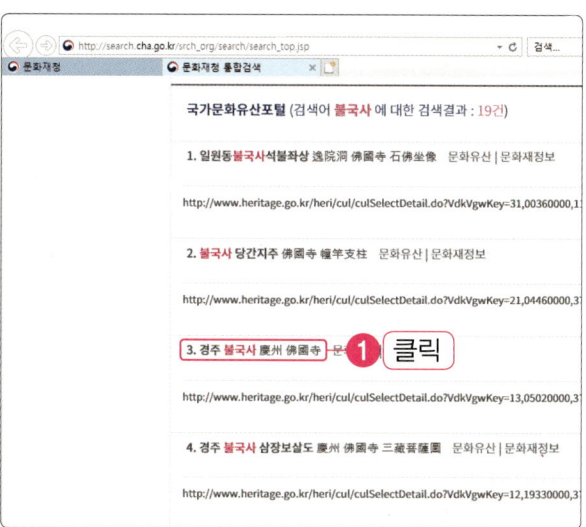

4 우리지역문화재 '경주 불국사' 페이지가 나타나면 그림을 복사하기 위해 **그림의 바로 가기 메뉴에서 [복사]를 클릭**합니다.

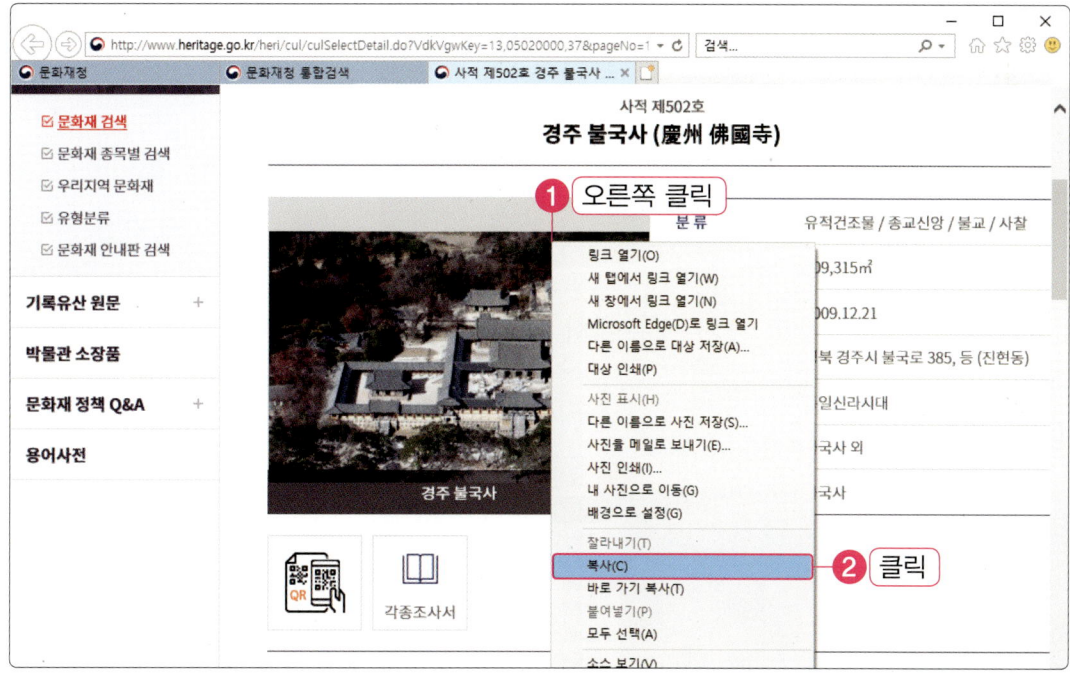

5 '불국사' 문서를 연 후 2줄에 커서를 둔 다음 [편집] 탭에서 [붙이기]를 클릭합니다.

Chapter 06 – 자료 수집하고 정리하기 **55**

6 [HTML 문서 붙이기] 대화상자가 나타나면 [원본 형식 유지]를 선택한 후 [확인] 단추를 클릭합니다.

7 그림이 복사되면 하이퍼링크를 지우기 위해 Shift를 누른 상태에서 그림을 클릭합니다.

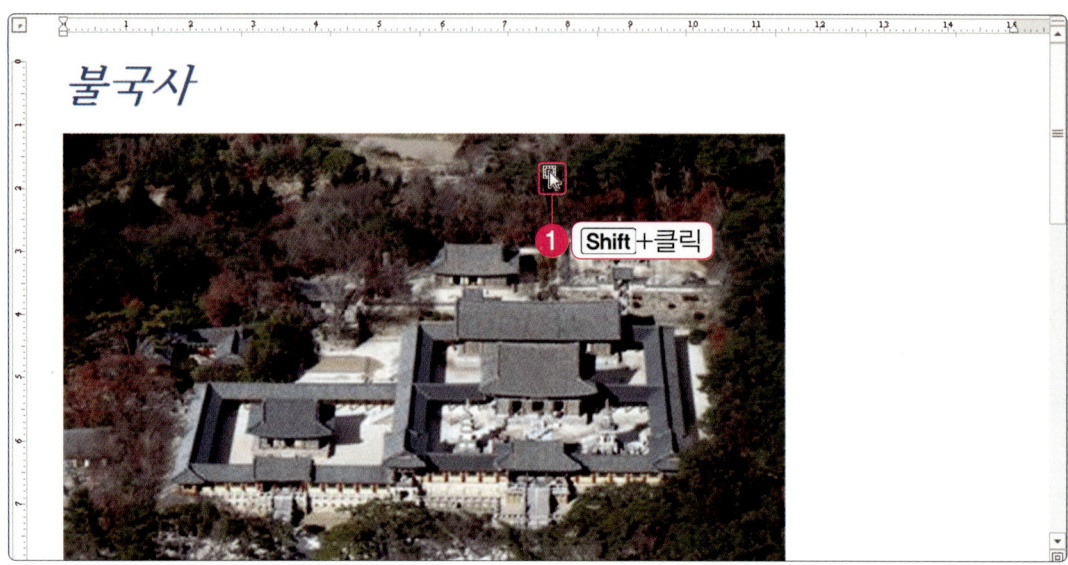

8 그림이 선택되면 그림의 바로 가기 메뉴에서 [하이퍼링크]를 클릭합니다.

- 하이퍼링크는 문서의 특정 위치에 현재 문서, 다른 문서, 인터넷에 있는 특정 페이지 등을 연결하여 쉽게 참조하거나 이동할 수 있게 해 주는 기능을 말합니다.
- 그림으로 마우스 포인터를 가져가면 마우스 포인터가 👆 모양으로 변경됩니다. 마우스 포인터가 👆 모양으로 변경된다는 것은 그림이 인터넷에 있는 특정 페이지와 연결되어 있다는 것입니다.

9 [하이퍼링크 고치기] 대화상자가 나타나면 **[연결 안 함]**을 **선택**한 후 **[고치기]** 단추를 **클릭**합니다.

10 하이퍼링크가 지워지면 그림에 캡션을 넣기 위해 **그림을 선택**한 후 [그림] 탭에서 **[캡션]**을 **클릭**한 다음 **[오른쪽 위]**를 **클릭**합니다.

그림으로 마우스 포인터를 가져가면 하이퍼링크가 지워진 것을 확인할 수 있습니다.

11 그림에 캡션이 넣어지면 **캡션 내용(경주 불국사)을 입력**합니다.

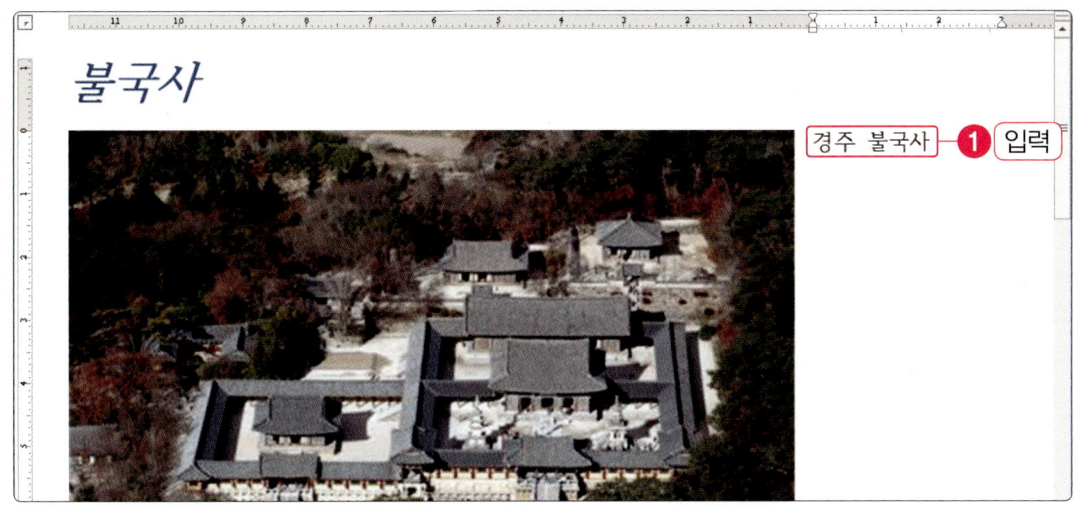

Chapter 06 – 자료 수집하고 정리하기 **57**

02 내용 수집하고 정리하기

1 우리지역문화재 '경주 불국사' 페이지를 연 후 내용을 복사하기 위해 **다음과 같이 내용을 블록으로 설정**한 다음 바로 가기 메뉴에서 [복사]를 클릭합니다.

2 '불국사' 문서를 연 후 3줄에 커서를 둔 다음 [편집] 탭에서 [붙이기]를 클릭합니다.

3 [HTML 문서 붙이기] 대화상자가 나타나면 [텍스트 형식으로 붙이기]를 선택한 후 [확인] 단추를 클릭합니다.

4 내용이 복사되면 주요 내용을 표시하기 위해 **다음과 같이 주요 내용을 블록으로 설정**한 후 [서식] 탭에서 **[형광펜]**의 **[목록] 단추를 클릭**한 다음 **[주황(RGB: 255,132,58)]**을 클릭합니다.

5 다음과 같이 주요 내용이 표시됩니다.

형광펜은 인쇄되지 않고 화면에만 표시됩니다.

Chapter 06 - 자료 수집하고 정리하기 **59**

연습문제 HANGUL 2016

📄 C:₩단계별학습₩한글 2016₩프로젝트파일₩서울 운현궁.hwp

1 다음과 같이 문화재청 사이트(www.cha.go.kr)에서 '서울 운현궁' 그림을 복사한 후 하이퍼링크를 지워 보세요.

Hint
'서울 운현궁' 그림을 Shift 를 누른 상태에서 클릭하여 선택한 후 바로 가기 메뉴에서 [하이퍼링크]를 클릭하면 [하이퍼링크 고치기] 대화상자가 나타납니다. [하이퍼링크 고치기] 대화상자에서 [연결 안 함]을 선택한 후 [고치기] 단추를 클릭하면 하이퍼링크를 지울 수 있습니다.

2 다음과 같이 '서울 운현궁' 그림에 캡션을 넣어 보세요.
- **캡션** : 위치(오른쪽 위)

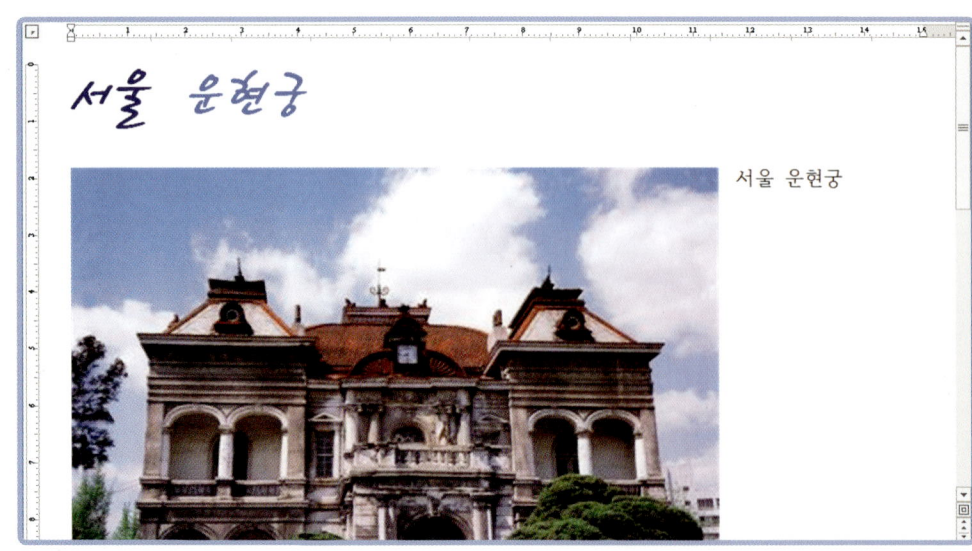

연습문제

3 다음과 같이 문화재청 사이트(www.cha.go.kr)에서 '서울 운현궁'에 대한 내용을 복사해 보세요.

4 다음과 같이 '서울 운현궁'에 대한 내용 중 주요 내용을 형광펜으로 칠해 보세요.
- **형광펜** : 형광펜 색(빨강(RGB: 255,0,0) 60% 밝게)

Hint

'서울 운현궁'에 대한 내용 중 주요 내용을 블록으로 설정한 후 [서식] 탭에서 [형광펜]의 [목록] 단추를 누른 다음 [빨강(RGB: 255,0,0) 60% 밝게]를 클릭하면 '서울 운현궁'에 대한 내용 중 주요 내용을 형광펜으로 칠할 수 있습니다.

판매실적현황 차트 작성하기

HANGUL 2016

판매실적현황은 판매계획과 비교하여 실제로 판매되는 상황을 기록한 문서로 성명, 목표실적, 판매실적 등으로 구성되어 있습니다. 판매실적현황 차트를 작성하면 판매실적현황을 한 눈에 파악할 수 있습니다. 그럼, 블록 계산식을 사용하여 합계를 구하고 판매실적현황 차트를 작성하는 방법에 대해 알아보겠습니다.

Preview

C:₩단계별학습₩한글 2016₩판매실적현황.hwp

01 블록 계산식을 사용하여 합계 구하기

1 합계를 구하기 위해 2줄 5칸~6줄 6칸을 셀 블록으로 설정한 후 [표] 탭에서 [계산식]을 클릭한 다음 [블록 합계]를 클릭합니다.

2 합계가 구해집니다.

02 차트 만들고 차트 마법사 사용하기

1 차트를 만들기 위해 **1줄 4칸~5줄 6칸을 셀 블록으로 설정**한 후 [표] 탭에서 [**차트**]를 클릭합니다.

2 차트가 만들어지면 **차트를 선택**한 후 [차트] 탭에서 [**글자처럼 취급**]을 **선택**합니다.

[글자처럼 취급]을 선택하면 차트를 하나의 글자처럼 취급합니다.

3 차트의 크기를 조정하기 위해 **다음과 같이 차트의 크기 조정 핸들(□)을 드래그**합니다.

차트의 오른쪽 가운데 크기 조정 핸들(□)로 마우스 포인터를 가져가서 마우스 포인터가 ←□→ 모양으로 변경되었을 때 오른쪽으로 드래그합니다.

Chapter 07 – 판매실적현황 차트 작성하기

4 차트를 더블클릭하여 차트 편집 상태로 전환한 후 **차트의 바로 가기 메뉴에서 [차트 마법사]를 클릭**합니다.

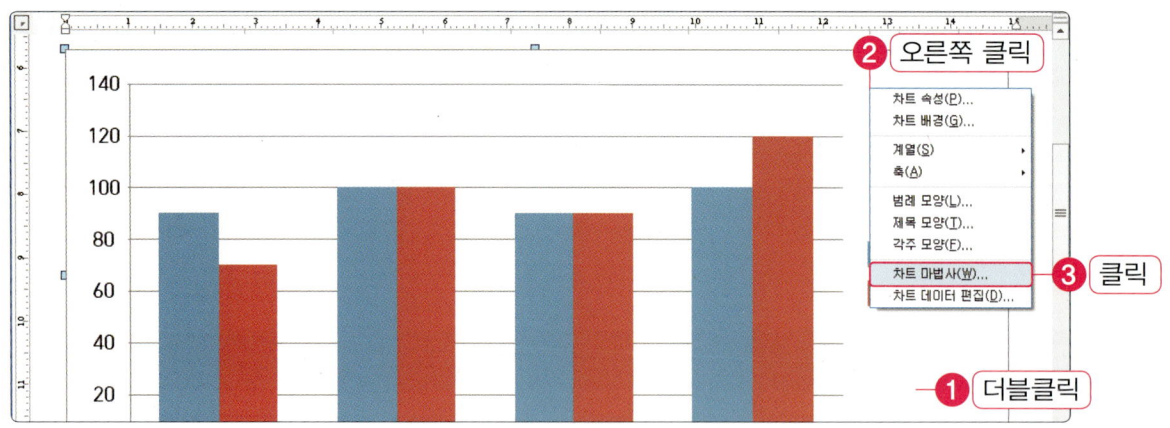

> 차트 마법사는 차트 종류와 차트 요소를 차트 마법사가 제시하는 단계별로 지정하여 차트를 작성하는 기능입니다.

5 [차트 마법사 – 3단계 중 1단계] 대화상자가 나타나면 [표준 종류] 탭에서 **차트 종류(세로 막대형)를 선택**한 다음 **차트 모양([자료점 이름표(값) 표시 묶은 세로 막대형)을 선택**한 후 [다음] 단추를 클릭합니다.

6 [차트 마법사 – 3단계 중 2단계] 대화상자가 나타나면 **방향(열)을 선택**한 후 [다음] **단추를 클릭**합니다.

7 [차트 마법사 – 마지막 단계] 대화상자가 나타나면 [제목] 탭에서 **차트 제목(판매실적현황), X(항목) 축(성명), Y(값) 축(실적)을 입력**한 후 [눈금선] 탭을 클릭합니다.

8 [차트 마법사 – 마지막 단계] 대화상자의 [눈금선] 탭이 나타나면 **[Y축 주 눈금선]을 선택**한 후 [확인] 단추를 클릭합니다.

9 다음과 같이 차트 마법사에서 지정한대로 차트 종류와 차트 요소가 지정됩니다.

Chapter 07 – 판매실적현황 차트 작성하기 **65**

03 차트 스타일 적용하기

1 차트 스타일을 적용하기 위해 **차트를 선택**한 후 [차트] 탭에서 **[자세히] 단추를 클릭**합니다.

2 차트 스타일 목록이 나타나면 [초록색/붉은색 혼합, 회색 테두리, 그림자 모양]을 클릭합니다.

3 다음과 같이 차트 스타일이 적용됩니다.

04 계열과 차트 배경 편집하기

1 계열을 편집하기 위해 **차트를 선택**한 후 [차트] 탭에서 [**계열**]을 클릭한 다음 [**자료점**]을 **클릭**합니다.

2 [자료점 선택] 대화상자가 나타나면 **계열(판매실적)과 자료점(송진아)을 선택**한 후 [**선택**] 단추를 **클릭**합니다.

> 차트를 더블클릭하여 차트 편집 상태로 전환한 후 '판매실적' 계열의 '송진아' 자료점을 클릭한 다음 다시 클릭하여 '판매실적' 계열의 '송진아' 자료점만 선택할 수도 있습니다.

3 [자료점 모양] 대화상자가 나타나면 [면] 탭에서 **면 색(주황(RGB: 255,132,58))을 선택**한 후 [**설정**] 단추를 **클릭**합니다.

Chapter 07 – 판매실적현황 차트 작성하기

4 계열이 편집되면 차트 배경을 편집하기 위해 **차트를 더블클릭하여 차트 편집 상태로 전환**한 후 **차트의 바로 가기 메뉴에서 [차트 배경]을 클릭**합니다.

5 [차트 배경] 대화상자가 나타나면 [배경] 탭에서 **[그림]을 선택**한 후 **[그림 파일 불러오기]를 클릭**합니다.

6 [불러오기] 대화상자가 나타나면 **찾는 위치(C:₩단계별학습₩한글 2016₩프로젝트파일)를 지정**한 후 **그림(제품)을 선택**한 다음 **[열기] 단추를 클릭**합니다.

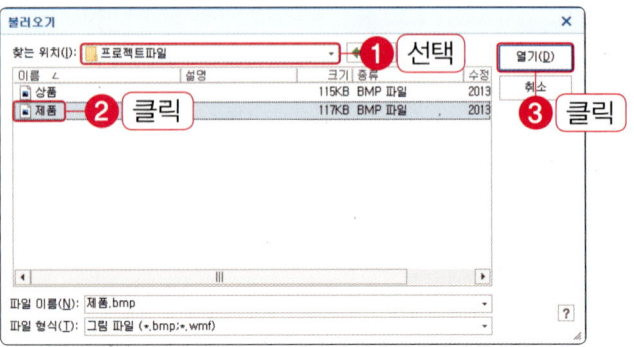

7 [차트 배경] 대화상자의 [배경] 탭이 다시 나타나면 **채우기 유형(최적 크기로)을 선택**한 후 [설정] 단추를 클릭합니다.

'최적 크기로'를 선택하면 그림의 가로세로 비율을 유지하면서 그림을 확대하거나 축소하여 차트 배경의 크기에 맞게 표시합니다.

8 다음과 같이 차트 배경이 편집됩니다.

Chapter 07 - 판매실적현황 차트 작성하기

연습문제 HANGUL 2016

C:₩단계별학습₩한글 2016₩프로젝트파일₩지점별판매현황.hwp

1 다음과 같이 블록 계산식을 사용하여 합계를 구해 보세요.

지점명	1월	2월	3월	합계
강동지점	7,980,000	6,650,000	8,820,000	23,450,000
강서지점	6,500,000	5,350,000	7,320,000	19,170,000
강남지점	6,940,000	6,500,000	7,140,000	20,580,000
강북지점	5,980,000	5,400,000	4,950,000	16,330,000

Hint
2줄 2칸~5줄 5칸을 셀 블록으로 설정한 후 [표] 탭에서 [계산식]을 클릭한 다음 [블록 합계]를 클릭하면 블록 계산식을 사용하여 합계를 구할 수 있습니다.

2 다음과 같이 차트를 만든 후 차트 마법사를 사용하여 차트 종류와 차트 요소를 지정해 보세요.

- **차트 데이터** : 1줄 1칸~5줄 4칸
- **차트 배치** : 글자처럼 취급
- **차트 종류** : [값(Y) 축 간격 좁게 표시 묶은 세로 막대형]
- **범례** : 위치(아래쪽)

연습문제

3 다음과 같이 차트 스타일(📊 [붉은색조, 내부 흰색 테두리, 그림자 모양])을 적용해 보세요.

4 다음과 같이 차트 배경을 편집해 보세요.

- **찾는 위치** : C:₩단계별학습₩한글 2016₩프로젝트파일
- **파일 이름** : 상품
- **채우기 유형** : 창 크기로

Hint

차트를 더블클릭하여 차트 편집 상태로 전환한 후 차트의 바로 가기 메뉴에서 [차트 배경]을 클릭하면 차트 배경을 편집할 수 있습니다.

일정표 만들기

HANGUL 2016

일정표는 주어진 시간을 효과적으로 이용하도록 진행 업무나 약속 등을 기록해 놓은 문서로 연도, 날짜, 진행 업무 등으로 구성되어 있습니다. 그림, 표를 사용하여 일정표를 만드는 방법에 대해 알아보겠습니다.

Preview

C:₩단계별학습₩한글 2016₩일정표.hwp

01 표 만들고 표 내용에 글자 모양 지정하기

1 표를 만들기 위해 2줄에 커서를 둔 후 [입력] 탭에서 [표]를 클릭합니다.

2 [표 만들기] 대화상자가 나타나면 줄 수(21)와 칸 수(5)를 입력한 후 [글자처럼 취급]을 선택한 다음 [만들기] 단추를 클릭합니다.

[글자처럼 취급]을 선택하면 표를 하나의 글자처럼 취급합니다.

3 표가 만들어지면 **다음과 같이 각 셀에 표 내용을 입력**합니다.

4 1줄을 셀 블록으로 **설정**한 후 서식 도구 상자에서 **글자 크기(11)를 선택**한 다음 **가[진하게]를 선택**하고 **글자 색(노랑(RGB: 255,215,0) 30% 어둡게)을 선택**합니다.

5 다음과 같이 표 내용에 글자 모양이 지정됩니다.

02 셀 테두리 지정하기

1 셀 테두리를 지정하기 위해 **표 전체를 셀 블록으로 설정**한 후 [표] 탭의 [목록] 단추를 **클릭**한 다음 [셀 테두리/배경]-[각 셀마다 적용]을 **클릭**합니다.

2 [셀 테두리/배경] 대화상자가 나타나면 [테두리] 탭에서 **테두리 종류(선 없음)를 선택**한 후 [모두]를 **클릭**한 다음 [적용] 단추를 **클릭**합니다.

3 모든 테두리가 '선 없음'으로 적용되면 **테두리 종류(⋯[점선]), 굵기(0.12mm), 색(주황(RGB: 255,132,58))을 선택**한 후 [왼쪽]과 [오른쪽]을 **클릭**한 다음 [설정] 단추를 **클릭**합니다.

4 셀 테두리를 다시 지정하기 위해 [표] 탭의 ▼[목록] 단추를 클릭한 후 [셀 테두리/배경]-[각 셀마다 적용]을 클릭합니다.

5 [셀 테두리/배경] 대화상자가 나타나면 [테두리] 탭에서 **테두리 종류(―[실선]), 굵기 (0.4mm), 색(주황(RGB: 255,132,58))을 선택**한 후 [위쪽]과 [아래쪽]을 클릭한 다음 [설정] 단추를 클릭합니다.

6 **1줄을 셀 블록으로 설정**한 후 [표] 탭의 ▼[목록] 단추를 클릭한 다음 [셀 테두리/배경]-[각 셀마다 적용]을 클릭합니다.

7 [셀 테두리/배경] 대화상자가 나타나면 [테두리] 탭에서 **테두리 종류(─[실선]), 굵기 (0.4mm), 색(주황(RGB: 255,132,58))을 선택**한 후 [아래쪽]을 클릭한 다음 [설정] 단추를 클릭합니다.

8 2칸을 셀 블록으로 설정한 후 [표] 탭의 [목록] 단추를 클릭한 다음 [셀 테두리/배경]-[각 셀마다 적용]을 클릭합니다.

9 [셀 테두리/배경] 대화상자가 나타나면 [테두리] 탭에서 **테두리 종류(선 없음)를 선택**한 후 [모두]를 클릭한 다음 [설정] 단추를 클릭합니다.

10 같은 방법으로 **다음과 같이 4칸의 모든 테두리를 '선 없음'으로 지정**합니다.

11 1칸과 2칸의 너비를 조정하기 위해 **다음과 같이 1칸과 2칸의 경계선을 드래그**합니다.

1칸과 2칸의 경계선으로 마우스 포인터를 가져가서 마우스 포인터가 ↔ 모양으로 변경되었을 때 왼쪽으로 드래그합니다.

12 같은 방법으로 **다음과 같이 칸의 너비를 조정**합니다.

연습문제

HANGUL 2016

C:₩단계별학습₩한글 2016₩프로젝트파일₩5일 일정표.hwp

1 다음과 같이 표를 만든 후 표 내용을 입력한 다음 표 내용에 글자 모양과 문단 모양을 지정해 보세요.

- **표 만들기** : 줄 수(21), 칸 수(5), [글자처럼 취급]
- **1줄** : 글자 색(하늘색(RGB: 97,130,214)), **가**[진하게], ≡[가운데 정렬]
- **2줄 1칸~21줄 2칸** : ≡[가운데 정렬]

2 다음과 같이 셀 테두리를 지정한 후 칸의 너비를 조정해 보세요.

- **표 전체** : 셀 테두리(왼쪽/오른쪽(테두리 종류(선 없음)), 위/아래(테두리 종류(―[실선]), 굵기(0.6mm), 색(보라(RGB: 157,92,187))), 안쪽(테두리 종류(⋯[점선]), 굵기(0.12mm), 색(보라(RGB: 157,92,187))))
- **1줄/5줄/9줄/13줄/17줄** : 셀 테두리(아래(테두리 종류(―[실선]), 굵기(0.6mm), 색(보라(RGB: 157,92,187))))

한글 2016 바로 가기 키

파일

새 문서	Alt+N
새 탭	Ctrl+Alt+T
문서마당	Ctrl+Alt+N
호환 문서	Ctrl+N,D
불러오기	Alt+O
저장하기	Alt+S / Ctrl+S
다른 이름으로 저장하기	Alt+V
인쇄	Alt+P / Ctrl+P
문서 정보	Ctrl+Q,I / Ctrl+Q,D
문서 닫기	Ctrl+F4
끝	Alt+X

편집

되돌리기	Ctrl+Z
다시 실행	Ctrl+Shift+Z
오려 두기	Ctrl+X / Shift+Delete
복사하기	Ctrl+C / Ctrl+Insert
붙이기	Ctrl+V / Shift+Insert
골라 붙이기	Ctrl+Alt+V
모양 복사	Alt+C
지우기	Ctrl+E
모두 선택	Ctrl+A
찾기	Ctrl+Q,F / Ctrl+F
찾아 바꾸기	Ctrl+F2 / Ctrl+Q,A / Ctrl+H
다시 찾기	Ctrl+L
찾아가기	Alt+G
한글로 바꾸기	Alt+F9
간체/번체 바꾸기	Alt+Shift+F9
고치기	Ctrl+N,K

보기

쪽 윤곽	Ctrl+G,L
조판 부호	Ctrl+G,C
문단 부호	Ctrl+G,T
가로로 나누기	Ctrl+W,H
세로로 나누기	Ctrl+W,V
모두 아이콘으로	Ctrl+W,M
화면 축소	Shift+숫자 키패드에서 −
화면 확대	Shift+숫자 키패드에서 +

입력

그림	Ctrl+N,I
글상자	Ctrl+N,B
문단 띠	Ctrl+N,L
수식	Ctrl+N,M
OLE 개체	Ctrl+N,O
문자표	Ctrl+F10
한자로 바꾸기	F9
한자 단어 등록	Ctrl+Alt+F9
한자 부수/총획수	Ctrl+F9
한자 새김 입력	Ctrl+Shift+F9
인명 한자로 바꾸기	Ctrl+Alt+F10
상용구 내용	Ctrl+F3
상용구 등록	Alt+I
표 자동 채우기	A
각주	Ctrl+N,N
미주	Ctrl+N,E
날짜/시간 문자열	Ctrl+K,D
날짜/시간 코드	Ctrl+K,C
날짜/시간 형식	Ctrl+K,F
책갈피	Ctrl+K,B
하이퍼링크	Ctrl+K,H
상호 참조	Ctrl+K,R
필드 입력	Ctrl+K,E
문서 끼워 넣기	Ctrl+O

서식

기능	단축키
글자 모양	Alt+L
진하게	Alt+Shift+B / Ctrl+B
기울임	Alt+Shift+I / Ctrl+I
밑줄	Alt+Shift+U / Ctrl+U
글자 자간 작게	Alt+Shift+N
글자 자간 크게	Alt+Shift+W
문단 모양	Alt+T
양쪽 정렬	Ctrl+Shift+M
왼쪽 정렬	Ctrl+Shift+L
가운데 정렬	Ctrl+Shift+C
오른쪽 정렬	Ctrl+Shift+R
배분 정렬	Ctrl+Shift+T
왼쪽 여백 줄이기	Ctrl+Alt+F5 / Ctrl+Shift+E
왼쪽 여백 늘리기	Ctrl+Alt+F6 / Ctrl+Shift+G
첫 줄 들여쓰기	Ctrl+F6 / Ctrl+Shift+I
첫 줄 내어쓰기	Ctrl+F5 / Ctrl+Shift+O
스타일	F6
문단 번호 모양	Ctrl+K,N
문단 번호 적용/해제	Ctrl+Shift+Insert
문단 번호 새 번호로 시작	Alt+Shift+Insert
글머리표 적용/해제	Ctrl+Shift+Delete
개요 번호 모양	Ctrl+K,O
개요 적용/해제	Ctrl+Insert
한 수준 증가	Ctrl+숫자 키패드에서 -
한 수준 감소	Ctrl+숫자 키패드에서 -

쪽

기능	단축키
편집 용지	F7
머리말/꼬리말	Ctrl+N,H
쪽 번호 매기기	Ctrl+N,P
현재 쪽만 감추기	Ctrl+N,S
쪽 나누기	Ctrl+Enter / Ctrl+J
단 나누기	Ctrl+Shift+Enter
다단 설정 나누기	Ctrl+Alt+Enter
구역 설정	Ctrl+N,G
구역 나누기	Alt+Shift+Enter

검토

기능	단축키
한컴 사전	F12 / Shift+F6
한자 자전	Shift+F9
유의어/반의어 사전	Ctrl+F12

도구

기능	단축키
맞춤법	F8
빠른 교정 내용	Shift+F8
메일 머지 표시 달기	Ctrl+K,M
메일 머지 만들기	Alt+M
제목 차례 표시	Ctrl+K,T
차례 숨기기	Ctrl+K,S
색인 표시	Ctrl+K,I
프레젠테이션 실행	Ctrl+K,P
글자판 바꾸기	Alt+F12
글자판 보기	Alt+F1
언어 선택 사항	Shift+F3

표

기능	단축키
표 만들기	Ctrl+N,T
표/셀 속성	P
표 나누기	Ctrl+N,A
표 붙이기	Ctrl+N,Z
줄/칸 추가하기	Alt+Insert
줄/칸 지우기	Alt+Delete
셀 나누기	S
셀 합치기	M
셀 높이를 같게	H
셀 너비를 같게	W
표 뒤집기	T
블록 합계	Ctrl+Shift+S
블록 평균	Ctrl+Shift+A
블록 곱	Ctrl+Shift+P
가로 합계	Ctrl+Shift+H
세로 합계	Ctrl+Shift+V
가로 평균	Ctrl+Shift+J
세로 평균	Ctrl+Shift+B
가로 곱	Ctrl+Shift+K
세로 곱	Ctrl+Shift+N
계산식	Ctrl+N,F

쪽

기능	단축키
도움말	F1
메뉴	F10
바로 가기 메뉴	Shift+F10
개체 선택	F11
도구 상자 단계별 접기/펴기	Ctrl+F1